官學盛況

國子監與學宮的教育

董 勝 編著

崧燁文化

目錄

序言 官學盛況

文化是民族的血脈，是人民的精神家園。

文化是立國之根，最終體現在文化的發展繁榮。博大精深的中華優秀傳統文化是我們在世界文化激盪中站穩腳跟的根基。中華文化源遠流長，積澱著中華民族最深層的精神追求，代表著中華民族獨特的精神標識，為中華民族生生不息、發展壯大提供了豐厚滋養。我們要認識中華文化的獨特創造、價值理念、鮮明特色，增強文化自信和價值自信。

面對世界各國形形色色的文化現象，面對各種眼花繚亂的現代傳媒，要堅持文化自信，古為今用、洋為中用、推陳出新，有鑑別地加以對待，有揚棄地予以繼承，傳承和昇華中華優秀傳統文化，增強國家文化軟實力。

浩浩歷史長河，熊熊文明薪火，中華文化源遠流長，滾滾黃河、滔滔長江，是最直接源頭，這兩大文化浪濤經過千百年沖刷洗禮和不斷交流、融合以及沉澱，最終形成了求同存異、兼收並蓄的輝煌燦爛的中華文明，也是世界上唯一綿延不絕而從沒中斷的古老文化，並始終充滿了生機與活力。

中華文化曾是東方文化搖籃，也是推動世界文明不斷前行的動力之一。早在五百年前，中華文化的四大發明催生了歐洲文藝復興運動和地理大發現。中國四大發明先後傳到西方，對於促進西方工業社會發展和形成，曾造成了重要作用。

中華文化的力量，已經深深熔鑄到我們的生命力、創造力和凝聚力中，是我們民族的基因。中華民族的精神，也已

官學盛況：國子監與學宮的教育

序言 官學盛況

深深植根於綿延數千年的優秀文化傳統之中，是我們的精神家園。

總之，中華文化博大精深，是中華各族人民五千年來創造、傳承下來的物質文明和精神文明的總和，其內容包羅萬象，浩若星漢，具有很強文化縱深，蘊含豐富寶藏。我們要實現中華文化偉大復興，首先要站在傳統文化前沿，薪火相傳，一脈相承，弘揚和發展五千年來優秀的、光明的、先進的、科學的、文明的和自豪的文化現象，融合古今中外一切文化精華，構建具有中華文化特色的現代民族文化，向世界和未來展示中華民族的文化力量、文化價值、文化形態與文化風采。

為此，在有關專家指導下，我們收集整理了大量古今資料和最新研究成果，特別編撰了本套大型書系。主要包括獨具特色的語言文字、浩如煙海的文化典籍、名揚世界的科技工藝、異彩紛呈的文學藝術、充滿智慧的中國哲學、完備而深刻的倫理道德、古風古韻的建築遺存、深具內涵的自然名勝、悠久傳承的歷史文明，還有各具特色又相互交融的地域文化和民族文化等，充分顯示了中華民族厚重文化底蘊和強大民族凝聚力，具有極強系統性、廣博性和規模性。

本套書系的特點是全景展現，縱橫捭闔，內容採取講故事的方式進行敘述，語言通俗，明白曉暢，圖文並茂，形象直觀，古風古韻，格調高雅，具有很強的可讀性、欣賞性、知識性和延伸性，能夠讓廣大讀者全面觸摸和感受中華文化的豐富內涵。

肖東發

最高學府 北京國子監

　　從元代元成宗繼位開始，北京開始設立大都廟學和國子監。北京國子監始建於元代大德十年間，就是西元一三○二年左右，是當時中國官方的最高學府，也是元、明、清三代國家管理教育的最高行政機關。

　　北京國子監坐落在北京東城區安定門內國子監街，街兩側槐蔭夾道，大街東西兩端和國子監大門兩側牌樓彩繪，是北京僅存的建有四座牌坊的古建街。國子監整體建築坐北朝南，中軸線上分佈著集賢門、太學門、琉璃牌坊、辟雍、彝倫堂、敬一亭。東西兩側有四廳六堂，構成傳統的對稱格局，是中國現存的古代中央公辦大學建築。

▌元代創建北京孔廟和國子監

那是在西元一二二二年，元太宗窩闊臺的重臣王檝向窩闊臺建議，待滅金計劃取得勝利後，就把金國都城中都城南的樞密院舊址改建成孔廟，以便春、秋兩季能有地方進行釋奠禮，元太宗同意了王檝的建議。

西元一二三四年，元軍攻滅金國，王檝又向太宗窩闊臺提出這一想法，並同時建議在建孔廟時設立國子學，這一次又獲元太宗准許。

西元一二六六年，元世祖忽必烈登基即位，立刻命令開始興建元代新都，建都地點就選在金國中都故地，並命大臣劉秉忠負責新都的整體規劃。

當時的燕京之地剛剛從戰火中平定下來，劉秉忠可以說是元大都的主要設計者。從那時起，北京的孔廟和國子監就有了確切的規劃位置。

劉秉忠規劃好的大都，由於種種原因，在忽必烈一朝沒有動工修建，大都的孔廟和國子監也是在三十多年後元成宗鐵穆爾繼位時才開始興建的。

西元一二九九年，元成宗的左丞相哈喇哈斯奏請元成宗籌建大都孔廟，廟內設學館，選拔名儒做教員，讓近臣子弟入學，這就是元代的「廟學」。元成宗同意了這一奏請。經過三年籌備，西元一三〇二年六月，在哈喇哈斯的直接督促和指揮下，修建孔廟的工程在北京正式動工。

在建設孔廟的工程中，有一位漢族官員在其中發揮了至關重要的組織管理作用，他就是賈馴。修建孔廟時賈馴位任工部奉正大夫，他「入理曹務，出營廟事」，不管風吹雨打還是烈日寒風，他始終堅守在孔廟工程現場，親自組織指揮，具體到塗牆墁地、砍削椽材，他都親自謀劃、指點。西元一三〇六年八月，京師孔廟終於在忽必烈時期劉秉忠規劃的位置上建成。

在修建京師孔廟的同時，御史中丞何瑋對元成宗提議，希望按照「左廟右學」的傳統規制，在孔廟的西邊營建國子監。元成宗欣然同意。

西元一三〇六年正月，京師孔廟竣工前七個月，營建國子監的浩大工程也正式開工。到元武宗海山繼位時的西元一三〇八年，北京國子監終於建成。

元王朝從西元一二六六年劉秉忠設定北京孔廟和國子監位置到最後的完全建成，歷經元世祖、元成宗、元武宗三朝四十二年的時間。

元代北京孔廟的建築形制是參照當時山東曲阜孔廟而建成的，後經歷代多次重修，成為了元、明、清三代京城祭孔之所在，但整體建築仍保留了元代的風格。

北京孔廟由三進院落組成，以大成殿為中心，「大成」取「孔子之謂集大成」之意。中軸線由南向北依次為先師門、大成門、大成殿、崇聖門和崇聖祠，大成殿為主體建築，建築規模僅次於山東曲阜的孔廟。

官學盛況：國子監與學宮的教育

最高學府 北京國子監

先師門又稱欞星門，是孔廟的大門，面闊三間，進深七檁，單檐歇山頂式建築結構，先師門兩側連接廟宇的外圍牆，猶如一座城門。

先師門之後便是大成門。大成門後來在清代重修為面闊五間，進深九檁，單檐歇山頂。整座建築坐落在高大的磚石臺基上，中間的御路石上，浮雕有海水龍紋的圖樣，其中五龍戲珠，栩栩如生。

大成門前廊兩側擺放著十枚石鼓，每枚石鼓的鼓面上都篆刻一首上古遊獵詩，是仿周宣王時的石鼓遺物而刻製的。

孔廟的第一進院落是皇帝祭拜孔子之前籌備各項事宜的場所，東側設有宰牲亭、井亭和神廚，用於準備祭孔時所需三牲的宰殺、清洗和烹製。兩側有神庫、致齋，用來存放祭孔的禮器和供品的備製。

在第一進院落的御路兩側立有一百九十八座高大的進士題名碑。其中元代所刻三通，明代所刻七十七通，清代所刻一百一十八通，記載了元、明、清三代各科進士的姓名、籍貫和名次，共計五萬一千六百二十四人。

孔廟的第二進院落是孔廟的中心院落，每逢祭孔大典，這裡便鐘鼓齊鳴，樂舞昇平。大成殿是第二進院落的主體建築，也是整座孔廟的中心建築，是孔廟內最神聖的殿堂。

大成殿殿內全部採用金磚鋪地，是中國封建社會中最高等級的建築，堪與後來的故宮太和殿相媲美。殿內正中設有「大成至聖文宣王」孔子牌位，以及一套清代的樂和祭器，包括編鐘、編磬、琴、瑟、箔豆、登和爵等。

孔子牌位兩邊設有配享牌位，復聖顏回、述聖孔伋、宗聖曾參、亞聖孟軻被稱為「四配」。

殿內東邊分列的儒學名人有閔損、冉雍、端木賜、仲由，卜商和有若，西邊分立的儒學名人有冉耕、宰予、冉求、言偃、顓孫師和朱熹十二人的牌位，這十二人被稱為儒學中的「十二哲」。

大殿內外懸有清康熙至清宣統之間的九位皇帝御匾，均是皇帝親書的對孔子的四字贊語，十分珍貴。

孔廟的第三進院落最具特色，由崇聖門、崇聖殿和東西配殿組成獨立完整的院落，與前二進院落分割明顯卻又過渡自然，反映出古人在建築布局上的巧妙構思。這組建築稱為崇聖祠，是祭祀孔子五代先祖的家廟，後來重修時將灰瓦頂改為綠琉璃瓦頂。

崇聖殿又稱五代祠，面闊五間，進深七檁，殿前建有寬大的月臺，月臺三面建有垂帶踏步各十級。殿內供奉孔子五代先人的牌位以及配享的顏回、孔伋、曾參和孟軻四位先哲之父的牌位。

東西配殿坐落在磚石臺基上，面闊三間，進深五檁，為單檐懸山式頂，內奉程頤、程顥、張載、蔡沈、周敦頤和朱熹六位先儒之父的牌位。

三進院落及其建築具有明確的建築等級差別和功能區域劃分，和諧統一地組成了一整套皇家祭祀性建築群落，是中國古代建築的傑出代表。

官學盛況：國子監與學宮的教育

最高學府 北京國子監

元代北京國子監坐落在北京東城區安定門內國子監街十五號，與孔廟相鄰。經過元代以後的建設，成為了元、明、清三代國家最高學府及教育行政管理機構。是中國現存唯一的古代中央公辦大學建築。

國子監整體建築坐北朝南，中軸線上分佈著集賢門、太學門、琉璃牌坊、辟雍及兩側的六堂、彝倫堂、敬一亭，構成傳統的對稱格局。

集賢門是國子監的大門，門內院子東西設有井亭，東側的持敬門與孔廟相通。

太學門是國子監的第二門，進入後就是國子監的第二進院落。裡面有琉璃牌坊，辟雍和彝倫堂。

琉璃牌坊是三間四柱七樓廡殿頂式琉璃牌坊，建於清乾隆時期的西元一七八三年。橫額正反兩面均為皇帝御題，正面額書「圜橋教澤」，陰面為「學海節觀」，彩畫華美，是中國古代崇文重教的象徵，也是北京唯一不屬於寺院的琉璃牌坊，是專門為教育而設立的。

辟雍建於清西元一七八四年，是國子監的中心建築。建於中軸線中心一座圓形水池中央的四方高臺上，是一座重檐攢尖頂殿宇。四面開門，設臺階六級。

辟雍周圍環繞著長廊，四面架設精緻的小橋橫跨水池，使殿宇與院落相通，這種建築形制象徵著「天圓地方」。清代乾隆皇帝之後，每逢新帝即位，都要來此做一次講學，以示中央政府對高等教育的重視。

六堂是位於辟雍左右兩側的三十三間房，合稱為六堂，分別為：率性堂、誠心堂、崇志堂、修道堂、正義堂、廣業堂，是國子監學生貢生和監生的教室。

　　彝倫堂位於辟雍以北，元代名為崇文閣，明代永樂年間予以重建並改名為彝倫堂。早年曾是皇帝講學之處，興建辟雍之後，則改為監內的藏書處。

　　敬一亭位於在彝倫堂之後，是國子監的第三進院落。建於明嘉靖年間的西元一五二八年，設有祭酒廂房和司業廂房和七座御製聖諭碑，是國子監祭酒辦公的場所。

　　值得一提的是，在國子監與孔廟的夾道內，還珍藏有一百九十通「十三經」刻石碑，這些石經內容包括十三部儒家經典，即《周易》、《尚書》、《詩經》、《周禮》、《儀禮》、《禮記》、《春秋左傳》、《春秋公羊傳》、《春秋穀梁傳》、《論語》、《孝經》、《孟子》、《爾雅》，計六十三萬多字，為中國僅存的一部最完整的「十三經」刻石。這些石刻經書刻於清代乾隆年間，故又有「乾隆石經」之稱。

閱讀連結

　　北京孔廟大成殿前有一株「復甦槐」，高約十五米，由兩棵主幹組成，周長分別為二點六米和二點五米，似一對孿生兄弟並肩而立，向人們展示著獨特的風采。據記載，這顆槐樹種植於元代，是元代第一任祭酒許衡所種植，但是人們為什麼叫它「復甦槐」呢？

　　相傳在明末的時候，這顆槐樹就已經枯死了，但是到清乾隆年間，枝幹上又忽然萌發出了許多新芽，最終枯而復榮。

國子監的師生們發現後，紛紛稱奇並相互傳頌，當時正值乾隆生母慈寧太后的六十壽辰，人們就認為這是一種吉祥的徵兆，所以命名為復甦槐。

▌元代北京中央官學的就學

元代北京中央官學是指元代執政者為官員子弟創辦的學校，集中在國子監。當時創辦的學校有蒙古國子學、漢文國子監學和回回國子監學，這些學校為元王朝培養了大批人才。

蒙古國子學開始於西元一二七一年正月，元世祖忽必烈下詔立京師蒙古國子學，教習諸生，在隨朝的蒙古、漢人及怯薛軍官員中選子弟俊秀者入學。待生員習見成效，出題試問，觀其所對精通者，量授官職。

元成宗時，開始增生員的膳食津貼，元武宗時，又定伴讀員四十人，以在籍生員學問優長者補之。

元代還在今內蒙古自治區錫林郭勒盟正藍旗境內的上都設立了蒙古國子分學。其授課時間與皇帝巡幸上都的時間基本一致，其餘時間都在大都上課。

從總休上說，元代的蒙古國子學呈現了發展的態勢，生員的數量最高曾經達四百多人。生員當中，庶民子弟也佔一定的比例。同時，蒙古國子學中配有博士、助教、教授、學正、學錄、典給、典書等師儒之職，各員不等。

西元一二七七年，元政府設立蒙古國子監，置司業一員。西元一二九二年，准漢人國學例，置祭酒、司業、監丞。以後又增設令史一人，必闍赤一人，知印一人。

國子學或國子監，都是中國古代封建社會的教育管理機關和最高學府，都具備了兩種功能，一是國家管理機關的功能，二是國家最高學府的功能。所不同的是，「國子學」是傳授知識，指向教育和最高學府的功能；「國子監」是督查監管，指向國家教育管理的功能。

　　元代蒙古國子監既是管理機構，也是教學機構，它和蒙古國子學一道為元政府培養了眾多的蒙古族人。漢文國子監學是元政府於西元一二六九年設立的。應該說，這所學校是蒙古執政者實施漢法的產物。

　　西元一二七〇年，元政府命蒙古人、漢人、色目人、南人的子弟十一人入學，以長者四人從許衡，童子七人從王恂。西元一二八七年立國子學，而定其制。

　　國子監學所配置的師儒之職與蒙古國子學大同小異。講授的主要內容是，先學《孝經》、《小學》、《論語》、《孟子》、《大學》、《中庸》，接下來學《詩》、《書》、《禮記》、《周禮》、《春秋》、《易》。

　　元世祖時期定國子學生員之數為兩百人，先令一百人及伴讀二十人入學。其百人之內，蒙古族人半之，色目、漢人半之。西元一三一一年七月，定生員額三百人。在三百人當中，蒙古族生員所佔的比重也是比較大的。

　　至元初年還設置了隸屬於集賢院的漢文國子監，選七品以上朝官子孫為國子監生員，隨朝三品以上官員可以舉薦俊秀的平民子弟入學，成為陪堂生伴讀。因此，漢文國子監是蒙古族生員學習漢族文化的一個主要場所。

官學盛況：國子監與學宮的教育

最高學府 北京國子監

當時，著名理學家許衡被延請到國子學執教，成為元代第一任國子祭酒。其後還有虞集、歐陽玄、蘇天爵、張翥等。

國子監宣揚程朱理學，用儒家義理派的主張培養人才，這些人學成後逐步進入元政府各級機構，自然會對當時的政策發生重大影響。

回回國子監學設置於西元一二八九年。這年四月，尚書省的臣員進言說：

亦思替非文字宜施於用。今翰林院益福的哈魯丁能通其字學。乞授以學士之職，凡公卿大夫與夫富民之子，皆依漢人入學之制，日肄習之。

翰林院的哈魯丁是回回學者，是熟悉亦思替非文字的人。亦思替非文字是古代伊朗人所創造的一種特有的文字符號系統及計算方法，用以書寫國王及政府有關財務稅收，清算單據，稅務文書等。阿拉伯哈利發帝國興起後繼續用這種文字以管理和書寫有關財務稅收事項，是一種具有保密性又便於統計數目的文字。

亦思替非文字不是一般的波斯文或阿拉伯文，而是一種專門學問，其中有較為精密的數學統計方法。翰林院益福的哈魯丁掌握了這種學問，也可算是「絕學」了。朝廷採納了尚書省的這個意見，在西元一二八九年八月設置了回回國子學。元仁宗執政時，朝廷又設置回回國子監。回回國子監管轄回回國子學。

在回回國子學中，教師們用正規的辦法訓練通曉亦思替非文、波斯文和阿拉伯文的翻譯人才。元政府讓相當一部分

蒙古族兒童在回回國子學就讀，目的是培養諸官衙口的翻譯人才。

元代建立回回國子學是一所外國語學校，它是蒙古族教育史，乃至中國教育史上最早建立的一所外國語學校。中國至今使用的阿拉伯數字，就是元代時期來華穆斯林帶來的。

閱讀連結

元大都有一條國子監街，位於現在的北京安定門內大街路東，是元世祖忽必烈於西元一二八六年修建的。街道中段的兩座牌坊題名為「國子監」，實為太學標誌。元世祖忽必烈在西元一二七四年進駐大都以前，太學設在大都城西南方的金中都城樞密院舊址，首任祭酒是學者許衡。

有趣的是，元代太學的放學時間，居然以日影轉到後院為準。崇文閣前有一株古槐，相傳是元代首任祭酒許衡手所植，史載「國學古槐一株，元臣許衡所植。」枯萎多年以後，曾於西元一七五一年發芽重生。

明代北京國子監及其管理

明代北京國子監，是在西元一四二〇年明成祖朱棣從南京遷都北京後改定的元大都國子監，於是明代國學有南北兩監之分。南京國子監被稱為「南監」或「南雍」，北京國子監則稱為「北監」或「北雍」。

北京國子監還曾吸收了明代中都國子學的生員。西元一三七五年，明朝廷於鳳陽設置中都國子學，當時與南京國

子監、北京國子監並存，但當時中都國子學選收的學生，均為南京國子學考試優選之後的生員。至明成祖遷都北京後，朝廷罷中都國子監，將其師生併入北京國子監。

明代北京國子監的教職設有祭酒、司業及監丞、博士、助教、學正等，由學行卓異的名儒充當。學生稱為監生或太學生。

明代國子監學生的來源大致有貢監、舉監、蔭監和例監的區別。貢監是由地方府、州、縣儒學按計劃選送在學生員貢國子監的學生；舉監是會試落第舉人直接入監的讀書者；蔭監是以蔭襲而入監的國子監學生；例監是捐資財入監讀書者。

按出身看，北京國子監學生又有民生和官生之分。民生是國子監出身庶民的學生，而官生是國子監學生中以恩蔭入監的品官子弟。總之，進入國子監由於資格、來源的不同，雖然都是國子監學生，稱謂卻很不相同。

明代北京國子監學生到西元一三九三年增加到八千多名，到西元一四二二年已增加到九千九百多名，可謂盛極一時。明朱武宗以後學生只剩千餘人。至明景泰、弘治之際，學生「奸惰」，教師「失職」，課業乃廢。

明景泰以後，出現了用錢買國子監入學資格的「例監」現象，與明初太學相比，已是有名無實。因此，明代政府規定，必須入國學者才可當官，不入者不能得，參加科舉考試的必須由學校出身，即所謂科舉必由學校，而學校起家不必由科舉。

在中國封建社會，為了培養「文武之才」，使國子監學生「能出入將相，安定社稷」，歷代都規定「五經」或「四書」作為國子監的主要教材。明代也不例外。

明代北京國子監具體對學生課以名體達用之學，以孝悌、禮義、忠信、廉恥為之本，課程以《易》、《詩》、《書》、《春秋》、《禮記》等經典為專業教材，人習一經；以《大學》、《中庸》、《論語》、《孟子》為普通基礎課。此外，還涉及劉向《說苑》及《御製大誥》、《大明律令》等時政文獻。生員還要學習書法。

朝廷對國子監的管理都很嚴格，頒行了各種管理制度，包括考試升降制度、歷練政事制度和放假制度等。國子監監生可以在監內寄宿，而且還發給燈火，供給膳食，享有免役的權利。

明代洪武和永樂年間，北京國子監還接受鄰邦高麗、日本、暹羅等國的留學生。

明代國子監教育管理機構及其管理，在培養文武官吏，造就各種專門人才，繁榮中國古代學術文化，納育各國留學生，促進中外文化交流乃至傳承中華民族悠久歷史文化等方面，都造成了積極的作用。

閱讀連結

明王朝的第一位皇帝是朱元璋，是一位注重教育的皇帝。他辦了許多學校，不僅有中央級別的國子監以及地方的府州縣學，甚至還詔令設立社學，也就是鄉村小學。

　　朱元璋還注重教育自己的孩子，幫助孩子選擇一些內容健康、情調高雅的課外讀物，以保證孩子接受正面教育。此外，他還經常為太子朱標進行艱苦創業和勤儉守成的教育，讓他接觸實際，帶他到農民家中，詳細觀察農民的衣食住行，瞭解百姓的生活、生產情況，以達到「察民性好惡以知風俗美惡」的教育目的。

清代北京國子監及其管理

　　清代初年，修整明北京國子監為太學，裁掉南京國子監，改為江寧府學。清代北京國子監是全國最高學府。

　　清代北京國子監設祭酒滿族、漢族各一人，司業滿族、蒙古族、漢族各一人，職在總理監務、執掌教令。博士滿族、漢族各一人，助教滿族十六人、蒙古族八人、漢族六人，學正漢族四人，學錄漢族二人，職在教誨。典簿滿族、漢族各一人，掌文牘事務。

　　國子監的生徒，來源很多，共分兩大類。一為貢生，一為監生。貢生有歲貢、恩貢、拔貢、優貢、副貢、例貢這「六貢」，監生有恩監、蔭監、優監、例監這「四監」。

　　歲貢，有地方貢於國家之意。府、州、縣學按照規定的時限與數額，將屢經科考、食廩年深的生員，依次升貢到國子監。

　　西元一六四五年，清政府命中央直屬各省起送貢生，府學每年一人，州學三年兩人，縣學兩年一人。各地貢生到京後，要進行廷試。時間是每年五月十五日，後改為四月十五

日。如有濫充者，即發回原學。一省發現五名以上，學政要被罰俸。

恩貢，是歲貢在特殊情況下的改稱。清沿明制，每當趕上國家有慶典或皇帝登極，便頒布恩，以當年的歲貢生充恩貢。

拔貢是常貢之外所行的選貢之法。各地儒學生員，經過考選，凡學行兼優、年富力強、累試優等者，得以充拔貢。

清順治時的西元一六四四年，首舉選貢。順天府特貢六人，每府學貢兩人，州、縣學各貢一人。當時為六年考選一次，乾隆時改為十二年一次。

副貢，各省鄉試除錄取正卷外，另取若干名為副榜。大凡中副榜者，可以作為貢監，入國子監肄業，稱副貢。

優貢，類同拔貢，每三年考選一次，舉送的次數比拔貢多。

讀書士子除了參加科舉考試者外，由此而入仕途的，亦謂之正途。五貢就任官職，按科分名次和年分先後，恩、拔、優、副貢多以教諭選用，歲貢多以訓導選用。但在具體實行中，常有變動。

在五貢之外，還有例貢。凡是儒學中的廩生、增生、附生，按政府規定報捐為貢生的，稱為例貢。這是當時由捐納入官的必由之路，由於是出資捐買而得，很為一般人所蔑視。

最高學府 北京國子監

　　例貢或在監肄業，或在籍，均可稱為國子監監生。乾隆年間議準，例貢如果志在由正途入仕，準其辭掉例貢頭銜，以原來的身分參加科舉考試。

　　在貢生之外，還有監生，包括恩監、蔭監、優監和例監。

　　恩監，清乾隆年間開始實行，主要是選拔和照顧一些資歷、身分較特殊的士子，恩准入監肄業。清乾隆時的西元一七三七年，準八旗漢文官學生應講求經史，每三年奏請欽點大臣考試，優者拔作監生，與漢貢監等一體肄業。

　　西元一七八六年規定，凡陪祀孔廟的聖賢後裔，本人是武生俊秀及無功名頂戴的俊秀，均恩準做監生。另外，八旗算學生、漢算學生、欽天監天文生均準考恩監。

　　蔭監，又分恩蔭和難蔭兩種。恩蔭是按內外文武官員品級，蔭子入監。

　　西元一六四五年，定文官中京官四品、外官三品以上，武官二品以上，可送一子入監。從西元一七一三年開始，宗室亦給蔭入監。西元一六四六年，定滿、漢三品以上官員，三年任滿，勤於國事而死者，可蔭一子入監。

　　清雍正以後，特別體恤軍功死難者。凡八旗武職立功身故，無論功績大小，是官員的，給七品監生一人，是護軍校、驍騎校的，給八品監生一人，均於子弟內補充。

　　西元一七三九年規定，八旗武職立功病故，所給的監生，按立功等第定監生品級。一二等軍功，給該員子弟監生一人，食七品官俸，三四等軍功，給該員子弟監生一人，食八品官

俸，五等軍功，給該員子弟監生一人，照捐納監生例，準其應鄉會試。

優監，與優貢雷同，唯入監條件略有降低。西元一七三三年規定，在地方儒學為附生及武生的，可以選為優監生。

例監，與例貢雷同，但條件更放寬。凡未取得生員資格的讀書士子，即俊秀，可以透過捐納而取得監生資格，稱例監。

貢監生入太學後，依次到六堂研習。六堂分為三級：正義、崇志、廣業堂為初級，修道、誠心堂為中級，率性堂為高級，根據學習成績遞升。

國子監的監生，又分為內、外兩班。內班是住在監內的，有膏火之資。外班則散居監外各地，無膏火。外班補內班，要經過考試。內班貢監生的告假等事項，都要按嚴格的規定辦理。

清初，內班共有監生一百五十名，每堂二十五名，外班一百二十名，每堂二十名。清乾隆初年，改內班每堂為三十名，這樣內、外班共三百名，既而又裁減外班一百二十名，撥年班二十四名為外班生。

國子監授課和考試的辦法是：每月初一、十五日師生向孔子行祭奠禮畢，聽助教或學正、學錄講解經書，然後覆講、上書、覆背，每月三回，週而復始。

官學盛況：國子監與學宮的教育

最高學府 北京國子監

所習內容為「四書」、「五經」等，還有兼學習「三經」和「二十一史」的。每人每日要摹名帖數百字，並立日課冊，按期交助教等查驗。

每月十五日，祭酒、司業輪換考課四書文一篇，詩一首，稱大課。一般是司業月考，祭酒季考。另外，每月初一日，在博士廳課經文、經解和策論。每月初三及十八日，助教、學正和學錄還要分別主持考課，試四書文、經文和詩策等。

監生坐監的期限，始初各種貢監生並不一樣。恩貢、由廩生出身的副貢，時間最短，為六個月。其他有八個月、十四個月、二十四個月的。例監最長，為三十六個月。西元一七二七年規定，各監生肄業，均以三年為期。修業期滿後，可應吏部銓選，以教諭、訓導等選用。

清代還給國子監學生制定了嚴格的學規。順治初年頒布國子監學規十八條，康熙年間又以「聖諭「的方式頒布《聖諭十六條》。雍正時期又將《聖諭十六條》修訂為《聖諭廣訓》，用以約束學生，並規定每月初一、十五必須將國子監學生集中在一起，由教官宣讀。

雍正時期的十六條國子監學規基本內容是：

敦孝悌以重人倫；篤宗族以昭雍睦；和鄉黨以息爭訟；重農桑以足衣食；尚節儉以惜財用；隆學校以端士習；黜異端以崇正學；講法律以儆愚頑；明禮讓以厚風俗；務正本以定民心；訓子弟以禁非為；息誣告以全善良；戒逃匿以免株連；完錢糧以省催科；聯保甲以弭盜賊；解仇忿以重生命。

這些內容在當時的條件下是以特定的封建禮教、法制綱常為內涵的。這個學規具有一般學規的共同特點，如道德人倫、勤勞節儉、和睦友愛、端正風氣、遵紀守法等。

閱讀連結

清代諸帝對國子監非常重視。清順治帝是清入關後的第一位皇帝，他於西元一六五二年親自視察國子監，以後歷代相沿，稱為「臨雍講學」。清康熙皇帝、雍正皇帝、弘曆皇帝都很關注國子監的教育，乾隆皇帝於西元一七八五'年親臨辟雍時，舉行了隆重盛大的講學典禮，其臨雍之儀、講學之禮又歷代相沿，成為定制。

不僅如此，清代皇帝還為國子監開列教條教規，如康熙皇帝為官學作《御製學校論》、雍正皇帝修正《聖諭廣訓》等。

▌清代北京國子監附屬學校

清代北京官學還有若干隸屬於國子監的學校，相當於國子監的附屬學校。這類學校有算學館、俄羅斯學館、八旗官學和覺羅學，他們以特殊方式附於國子監的學校，它們自成系統，學業由國子監兼管。

算學館是從欽天監算學的基礎上發展而來的。欽天監是國家天文臺，以觀測天象、編制日曆為職責。因此，需要計算天體運行速度，預測二十四節氣發生的日時，預報日食、月食等天文現象的發生等等。

官學盛況：國子監與學宮的教育
最高學府 北京國子監

　　欽天監歷來是天文生在欽天監官員的帶領下邊觀測邊學習。西元一六七〇年，清政府從八旗官學生中挑選滿學生六人、漢軍學生四人在欽天監學習算學。後來將欽天監算學生撥出，於西元一七一三年在暢春園設立算學館，仍派八旗官學生學習算學。

　　西元一七三九年將算學館劃歸國子監，仍在暢春園，稱為國子監算學館。西元一七四五年，准許欽天監派天文生二十四人交算學館代培，稱為「附學肄業」。此後，算學館確定學生數額為：滿洲八旗官生十二名，蒙古八旗官生六名，漢軍八旗官生六名，均由考試錄取；漢人十二名，由國子監會同算學館教官考試錄取。

　　算學館學制為五年，前三年學習《御製數理精蘊》，分線部、面部和體部，每部限學一年，後兩年學《七政》。

　　《七政》，原本指北斗七星以及北斗七星與日、月、金、木、水、火、土七星的運行關係。將其推廣到人道，《七政》則包括了春、夏、秋、冬、天文、地理、人道，即天象與四季的確定，各種天文現象以及在地域的表現。

　　人道《七政》還將天文現象與人間治亂聯繫在一起，透過天人感應學說把自然災異和天體祥瑞等與施政之良善聯繫起來，用以推測人心的向背。算學生畢業後由吏部安排就職。

　　俄羅斯學館是為在華留學的俄國人設立的學校。《中俄尼布楚條約》簽訂以後，中俄往來漸多，不斷有俄人來華留學。

西元一七二八年，俄羅斯官方正式派遣其陪臣子弟魯喀、佛多德、宜畹、喀喇西木、米海拉等到京，要求在華學習，雍正帝批准在會同館設學。會同館是禮部屬下的機構，主管接待外賓、翻譯外國貢書。會同館懂俄語的官員充任俄人教師。其後每十年派遣一批俄國留學生來華，換回學成者。此外，俄國東正教傳道團亦每十年派人來華留學。

西元一七四一年，清政府在國子監設俄羅斯學館，從漢、滿助教中選二人專門教授俄國留學生。俄國留學生在華學習語言、「四書」、「五經」、中國歷史、中國地理和其他方面的知識，對俄國瞭解中華文化和清朝國情造成重要作用。

八旗官學和覺羅學也是國子監的附屬學校，但這兩個學校的自身體系相對完整，八旗官學更是如此。

八旗官學是專門為八旗子弟設立的學校。清順治時期，清政府在京師八旗駐防地，各覓空房一所，立為書院，派國學二廳六堂教官分教八旗子弟。由此，八旗官學建立。

清政府規定，八旗子弟每十天赴國子監考課一次，春秋演射五天一次。其訓練方法，較國子監普通學生為嚴。八旗官學學生的學習內容有騎射、經書、時文、翻譯等，他們可以透過參加科舉及考取監生逐漸獲得官職，或直接考取筆帖式、中書等官職。清代雍正、乾隆年間，八旗官學達於極盛。

八旗官學在起初設立的時候就明文規定：八旗官學生，由八旗選擇俊秀子弟咨送，由國子監祭酒等挑取十八歲以下者記名補進。西元一六四五年九月，順治皇帝下詔增加官學

官學盛況：國子監與學宮的教育

最高學府 北京國子監

生員額：每佐領佐領各取官學生一名，以十名習漢書，餘習滿書。

由於一些旗人不肯習武，專尚讀書，故順治皇帝於西元一六五六年又下諭限定讀書者名額，餘俱令習武。順治帝在詔書中強調：

文武乃治天下之極要，不可偏向。今見八旗人等，專尚讀書，有子弟幾人，俱令讀書，不肯習武，殊違我朝以武功定天下之意！爾部酌量，每佐領下應讀滿漢書幾名，更定具奏。凡部院考用者，俱照額定讀書子弟內選用考試，額外私自讀書者，部院不準選用考試！

詔書中的「爾部」指的是禮部。這年禮部規定：滿洲、蒙古、漢軍，前經題明，每佐領止留一人讀書。滿洲、蒙古官學生不往外省做官，只在部院衙門選用。且奉恩詔：滿洲、蒙古三品官以上，蔭一子入監，遇部院衙門考用之時，此等亦可選用。

在禮部的規定中，對於漢族軍官的學生，則採取內外並用的辦法，在每佐領一人外再添一人，其考試生員、舉人、進士及部院衙門選用，俱應額定人數，額外私自讀書者不準考選。

八旗以騎射為本，為了維持民族之間的和平，清代政府仍然極其重視八旗軍隊的戰鬥力，重視騎射，因此對國子監漢貢監生不學武事則可，而八旗官學生不學武事則斷不可。於是，定例八旗官學生員額，每牛錄不得過幾人。且私自讀

書者不準應科舉，不給予出路。只有進入八旗官學的讀書人，才為官方和社會所承認。

八旗官學生在清初就有做官資格，但滿、蒙學生「不往外省做官，只許在部院衙門選用」，而漢軍官學生則「內外並用」。

據《欽定國子監志》記載，在西元一六五二年之前，筆貼式舊例由官學生庫使補授。西元一六五二年規定，舉人、生員亦得選補，西元一六五七年吏部題準：

各部院筆貼式有缺，止用官學生補授。蓋滿、蒙、漢軍舉人、生員，國初有更重要職務讓他們做，故官學生專做筆貼式。

筆貼式在清初升遷極快，不數年而飛黃騰達者很多。這也是八旗官學生學習文、武各科的動力之一。八旗官學生的員額與出路相關聯，此出路決定員額。

不久，由於蒙古官學生補用缺少，議定每兩牛錄選一名官學生。又因此時八旗停科舉之例，漢軍官學生也不應試，於是減少漢族軍官學生員額為每牛錄一人。這都說明了出路與員額合一，由出路確定員額的情況。西元一六六二年，清政府再次下諭，滿洲、漢軍每佐領各增官學生一名，共送子弟二人，一習清書，一習漢書，同時，「只許武官及甲兵子弟開送，文官子弟不準開送」。這是順治帝逝世之後輔政四大臣鰲拜、索尼、蘇克薩哈、遏必隆作出的決定。

官學盛況：國子監與學宮的教育
最高學府 北京國子監

四大臣皆戰功赫赫，為清政府立了汗馬功勞。他們看不起「無寸箭之功」的八旗文官，以至於排擠文官，優遇武官，不准文官子弟入八旗官學。

到了清康熙時期，康熙皇帝改變了上述不合理制度，據《清會典》卷八十四《八旗都統》記載，不論文武官員子弟，皆「令本佐領將可學之人移送本監教習」。這表明康熙皇帝的漢化思想。

在當時，做八旗官學的學生是通往仕途的橋樑，大家皆爭取入學，佐領看在與一些人的特殊關係上，顧及面子，常不顧其素質，濫取濫送八旗官學生。

這一弊端，在清雍正時期的西元一七二三年經國子監主管監務的司業博禮條奏，為吏部與皇帝所知。博禮得到的復准文中寫道：

應於該佐領下，無論官兵子弟，不許瞻徇情面。擇其資性穎秀，可以讀書上進者一人，著參領、佐領保送都統驗看。

於是，佐領可以保送八旗官學生的權力受到了限制，選擇官學生必須經過參領、都統兩道關卡的准許，才能入學，從而保證了官學生的素質。

西元一七二七年，吏部議準每旗額定八旗官學生：滿洲六十人，蒙古、漢軍各二十人，滿洲額內以三十人在滿洲書房習滿文，三十人習漢文，凡有學生缺數，不必拘定佐領，可以選拔聰明俊秀子弟，申送本旗都統驗看，交國子監當堂考錄。

這一規定，使八旗官學生的錄取制度發生了巨大變化，原以佐領為單位錄取的舊例被以旗為單位錄取的新例所替代，同時取消了佐領選送官學生的權力，由各旗都統驗看聰明子弟入學。提高了所錄取八旗官學生的整體水平，有利於教學，有利於整個滿族民族素質的提高。這是八旗官學史上的一次重大改革。

下五旗包衣，原來是不準做官學生的。西元一七六八年奏准：每旗各添設下五旗包衣官學生十名，滿洲六名，蒙古兩名，漢軍兩名，但不給錢糧。也就是說，除八旗各一百名官學生外，又有下五旗包衣生五十名，於是八旗官學的學生總額為八百五十名。此永為定制。

西元一七六九年奏准：官學生已考取中書、筆貼式、庫使等官，行挑取的新生補足員額。

清道光時期，道光皇帝詔令，如果八旗官學生已經考取了舉人，就不得留校佔據名額，應歸於銓選，便於錄取新的八旗子弟入學。在這種情況下，包衣學生可借補額缺。

至於八旗官學的考試制度，西元一六五一年規定，八旗官學學生參加鄉試，但單獨命題，只考一日，內容要簡單得多。這代表著八旗官學開始納入科舉制度的軌道。西元一六八七年，令八旗官學生同漢人一起同時、同地、同卷參加鄉試，使八旗官學更進一步融於全國普通教育之中。西元一八一三年，將駐防京師八旗所屬官學學生原來必須到順天府參加鄉試的規定，改為參加駐防省份的鄉試，使八旗官學

官學盛況：國子監與學宮的教育

最高學府 北京國子監

的特殊性進一步減少。但清代八旗官生參加鄉試和會試始終單立名額、自為一榜，使之與普通學校一直保持區別。

清代八旗官學生的錄取手續是：十歲以上、十八歲以下的八旗平民子弟，經該旗都統同意後，用印文咨送國子監，八旗助教帶領這些弟子上堂，當堂考驗翻譯、作文、背書等科目。

清光緒時期，採取了照顧貧寒子弟、準予轉學、供給早點等措施，都頗有益於八旗官學事業的發展。

覺羅學是清初為皇族子孫設立的官辦學堂，創立於西元一七二九年，滿洲八旗各設一學，總稱「八旗覺羅學」，隸屬於宗人府。

覺羅學額設總理王公八人、副管十六人，掌管學務；稽查覺羅學京堂官八人，輪流稽查本翼四學課程；清書教習十五人、騎射教習八人、漢書教習十五人，分掌清書、騎射、漢書的教授。

覺羅學學生從八歲以上、十三歲以下的覺羅子弟中挑補。並定有額數：鑲黃旗六十一名，正黃旗三十六名，正白旗、正紅旗各四十名，鑲白旗十五名，鑲紅旗六十四名，正藍旗三十九名，鑲藍旗四十五名。在學學生，每人每月給銀三兩、米三斗及紙張筆墨，並且冬天給炭、夏天給冰，待遇優厚。

凡覺羅學學生均讀書習射，滿漢文字兼學，每年春、秋考試兩次，每三年欽派大臣會同宗人府考試一次，其優者記名獎勸，次者留學教訓，劣者黜退。

覺羅學在清末與八旗官學改並為中、小學堂，均由管學大臣管理。一九〇八年改設八旗高等學堂，及左右翼高等小學堂、初級小學堂。

閱讀連結

清代除北京八旗官學外，還曾在盛京即瀋陽設置八旗官學，教授駐防盛京八旗子弟。

清康熙時的西元一六九一年，清政府在盛京左、右翼各設滿洲官學兩所及漢文官學，每旗挑選幼童十人，共八十人，以四十人入滿洲官學學習滿文，四十人入漢文官學學習漢文，設助教、教習各兩人掌稽查教授，並教演馬步射。此外，每佐領下各選十歲以下幼童一人，附入官學讀書，並習馬步射。西元一七三二年增設內務府三旗學生六十名。西元一八八四年復設蒙古官學，每歲津貼銀一百四十兩。一九〇二年改並為學堂。

清代王懿榮三任國子祭酒

清道光年間的西元一八四五年，在山東福山古現鎮東村一個王姓家裡，一個男孩出生了。男孩的父母給他起名叫王懿榮，字正孺，又字廉生、蓮生。

王懿榮出生的福山是一座美麗富庶的古城，古稱「福地」，有「銀福山」之稱。這裡依山傍海，物產豐富，氣候溫和，四季分明，風光秀麗，環境宜人。福山人傑地靈，被譽為「文化之邦，詩書世澤」。

官學盛況：國子監與學宮的教育
最高學府 北京國子監

　　王懿榮在福山的始祖王忠原籍雲南大理府雲南縣，明洪武年間任山東都轉運鹽使司下轄的登寧鹽場鹽課大使。王忠在福山為官幾年後，喜歡上了這塊美麗富庶且人傑地靈的「福山」，決定定居於此。王氏家族遂在此繁衍子孫，漸成為福山的名門望族。

　　福山王氏一家確屬官宦世家，先後錄取翰林六名，進士二十四人，舉人五十八人，貢生五十八人，秀才三百五十七人，出了三任封疆大吏，被朝野譽為「天眷其後，世澤蟬聯」。清代乾隆皇帝曾稱：

　　父子三人俱為翰林，一門多顯官，皆能辦事，可謂世臣矣。

　　王懿榮的出生，伴隨的是國家與家族，大家與小家的同時變故。在他出生前的西元一八四〇年，第一次鴉片戰爭爆發，中國出現了前所未有的民族危機。在他出生後的西元一八四九年，他的祖父王兆琛獲罪被遣戍新疆並抄沒家產，福山王氏一家家道中落，從顯赫的高門望族敗落為困頓的窮困寒門。

　　王懿榮幼年即遭家庭變故，但其作為文化世家的家學背景卻綿延世澤，不會在旦夕之間被毀壞、阻斷。就在祖父被遣的同一年，他的父親被地方舉為清道光乙酉科入國子監的拔貢，可見王家家學的延續和在福山一帶的影響。

　　雖然家道中落，但深厚的家族文化底蘊，使王懿榮從小就接受了寒門子弟所不能有的良好家學氛圍與優質啟蒙教

育，這為他成長為近代文化史上的一位文化巨人奠定了很好的基礎。

清代同治年間的西元一八六二年，年僅十八歲的王懿榮參加了第一次鄉試，開始走上了科舉求仕之路。但科舉考試並非易事，僅鄉試他就參加了八次，歷經十七年的努力，終於在鄉試時中試，成為舉人。

西元一八九四年七月十六日，王懿榮接到清光緒帝的上諭，讓他出任國子監祭酒。這是他第一次擔任國子監祭酒之職。光緒皇帝的詔書說：

陸潤庠現出試差，國子監祭酒著王懿榮署理。

欽此。

陸潤庠曾於清同治年間經殿試高中進士第一名，後入值南書房，遷侍讀，出督山東學政，後做過御史，又擢內閣大學士，也做過溥儀皇帝的老師。詔書上說他「出試差」，即被朝廷特派去做鄉試試官。光緒帝讓王懿榮接替大儒陸潤庠的職位做國子監祭酒，可見對王懿榮的知識和人品的器重。

王懿榮任職的國子監，位於北京安定門內雍和宮對面的成賢街，左邊與孔廟相比鄰，取左廟右學之意。國子監是元明清三代國家最高學府，因遍佈於全國各地的府州縣各級官學亦歸其統領，故而也是國家最高教育管理機構。

國子監雖號稱最高學府，但在科舉時代，畢業生地位相對較低。若想取得功名，還須參加鄉試。唯一的照顧是無論國子監生之籍貫，皆可應試於順天府。

若不再考取功名，以國子監生身分入仕，則多被用做縣丞，或教諭、訊導等學官，監生們除學習「四書五經」外，尚有歷代典禮賦役律令、邊防、天官、河渠、算法之類。

就在王懿榮任祭酒期間，中國爆發了「中日甲午戰爭」，任職半年中，他一面在南書房行走，一面兼署祭酒，還以憂慮的心情關注著戰爭的進展。西元一八九五年正月，他奏請回籍辦理團練獲準。

王懿榮由京起程赴登州府，大約四個月後，他接到上諭和議已定，停辦團練，回京供職。他向朝廷請假兩月獲準，後歸里省親，一個月後再次奉上諭：

王懿榮著補授國子監祭酒。

欽此。

王懿榮接到上諭之時，假期已滿，於是，他由煙臺啟程北上，回京覆命。在朝廷上，他具疏謝恩，並奏請註銷欽命辦理山東登州團練木質關防。

王懿榮第二次任國子監祭酒的時間並不長，前後不過半年。在此期間，光緒皇帝曾經賞賜王懿榮和張百熙御筆「福壽」、「榮慶」各一幅，二人具疏謝恩。

西元一八九六年二月十八日，王懿榮的母親謝太夫人因年事已高，且南北往返，勞累過度，病逝於福山，享年七十四歲。王懿榮在京接到訃告之後，星夜匍匐奔喪。守制期滿後，他攜長媳張氏及孫兒福坤回到北京。

到了京城後，王懿榮蒙諭召見，向光緒皇帝請聖安，並奉旨仍在南書房行走。

王懿榮在內廷當值，備受皇帝與太后信任，鑑別書畫、恭代御筆、進呈書籍等事經常要找他，有時一天之內要兩入宮廷。

西元一八九九年七月六日，王懿榮奉上諭：補授國子監祭酒。至此，他第三次擔任國子監祭酒之職。在此期間，王懿榮為國子監鞠躬盡瘁，深得後人尊敬。

王懿榮是皇家大學國子監的祭酒，又是北京城裡有名的金石學家、甲骨文的發現者和愛國人士，加之他人品好，在京師學界頗有口碑。

當時北京的不少名流學士都願意與王懿榮打交道，誰得了什麼寶物，都想請他給鑑定鑑定，每每會學到不少的知識。

後來，王懿榮於西元一八九九年首先發現甲骨文，被稱為「甲骨文之父」，是中國收藏鑑定甲骨文的第一人。但他還沒來得及對甲骨文深入研究，便遭遇了戰爭。

一九〇〇年，八國聯軍入侵北京，王懿榮受命於危難之時，任京師團練大臣，負責保衛京城。

七月二十日，侵略軍攻入東便門，他率團練奮勇抵抗，寡難敵眾，不願為亡國奴，遂書絕命詞：

主憂臣辱，主辱臣死。於止知其所止，此為近之。

寫完後，偕家人從容投井殉國，時年五十五歲。王懿榮家學深厚，不負先祖厚望，博學精進，三任國子監祭酒，為

國家培養了大批人才，是無愧於太學生的尊長。他作為一位偉大的愛國主義者，面對列強，奮力抗擊，誓死不做亡國奴，最終以身殉難，其學術貢獻與愛國節操將永世長存。

閱讀連結

王懿榮是晚清著名的金石學家，《清史稿》為之立傳的人物。後來由於他發現了甲骨文，引起了人們對於「甲骨學」的研究熱潮，又被人尊為「甲骨文之父」。

坊間傳說王懿榮發現甲骨文的故事，很有點演繹性。說是王懿榮得了瘧疾，用了許多藥都不見輕。後來一位老中醫給他開了一劑藥方，藥方上有一味叫「龍骨」的中藥。他按醫生的藥方派人到北京老中藥店達仁堂抓藥，藥抓回後卻意外發現「龍骨」上面有很多劃痕。他猜測這可能是上古之人留下的文字，於是他又買回藥店的全部「龍骨」，加以細心研究，終於揭開了甲骨文之謎。

▋北京新式官學京師大學堂

西元一八九五年八月，康有為、梁啟超等一批清代改革家在「戊戌變法」時期，在北京組織「強學會」，討論學術，批評時政，宣傳介紹西方資產階級的社會政治學說和近代科學知識，鼓勵人們學習西方，以學以致用的原則來培養人才，最終達到民族自強的目的。

「強學會」成員購置圖書，收藏報刊，供群眾閱覽，並經常開會講演。由於他們的宣傳越來越深入人心，西元

一八九六年六月，刑部左侍郎李端芬在給清政府的《請推廣學校折》中，第一次正式提議設立「京師大學」。

隨著變法維新運動日益發展，康有為在《應詔統籌全局折》一文中再次提出：

自京師立大學，各省立高等中學，各府縣立中小學及專門學。

在康有為、梁啟超的推動下，西元一八九八年初，清光緒帝命大臣孫家鼐為京師大學堂第一任管學大臣。孫家鼐在《奏籌辦京師大學堂大概情形折》中，

陳列了籌辦京師大學堂的主要內容：

一、為舉人、進士出身之京官設立仕學院，以習西學專門為主。

二、大學堂應為畢業生代籌出路，其已授職者，由管學大臣出具考語，各就所長請旨優獎；其未仕者，亦由管學大臣嚴核其品學，請旨錄用。

三、精簡學科門類，如經學、理學可合併為一門，兵學宜另設武備學堂。

四、編譯局主要應編譯西學各書，舊有經書仍應以「列聖所欽定者為定本」，即使非欽定本，也不得增減一字，以示尊經之意。

五、總教習可設兩人，分管中學和西學。西學教習薪水應從優。

六、應取消學生「膏火」，而改為獎賞，以激勵學生努力向學。

經孫家鼐推薦，清光緒帝任命大臣許景澄為中學總教習，美國傳教士丁韙良為西學總教習。

西元一八九八年六月，清光緒帝在《明定國是詔》中，要求各行省為辦京師大學堂盡力。另外，他還責成梁啟超起草了一份《京師大學堂章程》，這個章程是京師大學堂的第一個章程，也是中國近代高等教育的最早的學制綱要。

京師大學堂校址設在地安門內馬神廟和嘉公主舊第，這裡原有房三百四十多間，又新建一百三十多間，即後來的北大二院，又在北河沿購置房舍一所，開辦譯學館，即後來的北大三院。

在經費方面，當時規定京師大學堂的辦學經費為三十萬兩，常年用費為二十萬兩。戶部指定從華俄道勝銀行中國政府存款五百萬兩的利息中支付，不敷之數，由戶部補足。

京師大學堂剛剛起步，卻在兩年後的一九○○年外敵入侵北京時遭到破壞，校舍被佔，圖書設備被毀，大學堂難以維持，於八月三日被下令停辦。

京師大學堂於一九○二年十二月十七日恢復，藏書樓也於同年重設，派吏部尚書張百熙為管學大臣，吳汝綸和辜鴻銘任正副總教習，嚴復和林紓分任大學堂譯書局總辦和副總辦，各個方面開始步入正軌。

恢復後的京師大學堂先設速成、預備兩科。速成科分仕學、師範兩館，學制三至四年，畢業後可任初級官吏或學堂教習。

當年九月十三日正式舉行速成科招生考試，十月二十六日又第二次招考，兩次共錄取一百八十二名，十一月十八日開學。

預備科分政科及藝科。政科包括經史、政治、法律、通商、理財；藝科包括聲、光、化、農、工、醫、算學。

預科學制三年，畢業後可升入大學專門分科，並給予舉人出身資格。

此時，北京的同文館也併入京師大學堂。

同文館是清政府於西元一八六二年在總理衙門設立的。同文館是中國近代第一所新式高等官辦學校，後來併入了京師大學堂，是京師大學堂最早的組成部分。

經過一段時間的籌備，京師大學堂正式舉行了招生考試。為做好招生工作，京師大學堂向全國各省督撫發出了通知，要求各地給予積極配合和支持。各地方官接到通知後，先在本地選拔，擇優錄取，然後再送到北京參加全國統一考試。

京師大學堂這次招生的首先是速成科。考生成績評定採用百分制，以六十分為及格。這種評分辦法是中國高等學校以六十分為及格標準計算學生考試成績的開始，這次考試也是京師大學堂第一次舉行的較正規的招生考試。本次共錄取兩百名學生。

官學盛況：國子監與學宮的教育

最高學府 北京國子監

一九○三年，清政府命「洋務派」首領張之洞會同張百熙改定學制，對京師大學堂的章程也作了修改，發表了《奏定大學堂章程》。

新章程規定：對京師大學堂專門分科，將原來的七科三十五門改為八科四十六門，主要是增設了經學科，下分《周易》、《尚書》、《毛詩》、「春秋三傳」、「三禮」、《論語》、《孟子》和理學十一門課程，突出了經學的地位；大學院改名通儒院，年限規定為五年；大學堂設總監督，總管全學堂各分科事務，統率全學校人員，相當於後來的大學校長，受總理學務大臣之節制。

同年，京師大學堂增設進士館、譯學館及醫學實業館。畢業生分別授給貢生、舉人、進士頭銜。同年改管學大臣為學務大臣，統轄全國學務。另設總監督，專管京師大學堂事宜，派張亨嘉為第一任總監督，京師大學堂遂成為單純的高等學校。

一九○四年，京師大學堂選派首批四十七名學生出國留學。這是中國高校派遣留學生的開始。

一九○五年四月三十日，京師大學堂舉辦了第一次運動會，校方特別強調開運動會的目的是培養青年「臨事不辭難，事君不惜死」的精神。

在這次運動會上，校方還要運動員一再高呼「皇太后聖壽元疆，皇上聖壽無疆」等口號。

一九○六年四月，京師大學堂舉辦第二次運動會，一百米、兩百米、三百米、四百九十九米、六百米、八百米及越欄、

障礙跑，還有跳高、跳遠和投擲運動，以及二人三足競走、一腳競走、越脊競走、算學競走、頂囊競走等。

一九一〇年，京師大學堂開辦分科大學，共開辦經科、法政科、文科、格致科、農科、工科、商科七科。其中經科有《詩經》、《周禮》、《春秋左傳》；法政科有政治、法律；文科有《中國文學》、《中國史學》；商科有銀行保險；農科有農學；格致科有地質、化學；工科有土木、礦冶。這樣，一個具有近代意義的綜合性大學初具規模。

大學專門分科學制三年至四年，畢業後可升入大學院深造，並給予進士出身。

一九一二年，曾翻譯《天演論》的嚴復被任命為京師大學堂總監督，接管大學堂事務。五月更名為「北京大學」，嚴復成為北京大學的首任校長。

自從科舉制度和國子監相繼取消以後，京師大學堂即成為中國唯一最高學府和最高教育管理機構，也成為科舉取士制度的替代品。它繼承並替代了科舉制度和國子監，是古代取士制度與高等教育向現代演進的承上啟下者。因此，很多學者如胡適、季羨林、馮友蘭、周培源、任繼愈等都認為，京師大學堂是中國自漢代太學以來國家最高學府的唯一正統繼承者，甚至它的歷史可以因此上溯到兩千多年前漢武帝設立太學之時。

京師大學堂的建立，是中國高等教育近代化的代表，其最大特色是在繼承中國古代文明的基礎上引進西方資本主義

官學盛況：國子監與學宮的教育
最高學府 北京國子監

文明和近代科學文化。使中國的官辦教育事業向前邁進了一大步，也使北京官學教育的歷史地位得到了極大提升。

閱讀連結

孫家鼐幼讀詩書，在西元一八五九年參加殿試時，清咸豐帝命他以大清王朝的興盛寫一副對聯。孫家鼐即興書聯曰：「億萬年濟濟繩繩，順天心，康民意，雍和其體，乾見其行，嘉氣遍九州，道統繼羲皇舜堯；二百載綿綿奕奕，治績昭，熙功茂，正直在朝，隆平在野，慶雲飛五色，光華照日月星辰。」

這副對聯即歌頌了清朝的豐功偉業，又巧妙地把清歷代皇帝的年號「順治」、「康熙」、「雍正」、「乾隆」、「嘉慶」、「道光」等嵌入聯中。清咸豐帝看後驚呼「絕妙！」舉起硃筆點他為頭名狀元。

成賢之路 南京國子監

　　南京自古以來就是一座崇文重教的城市，教育繁盛，有「天下文樞」的美譽。南京官學記載較早的是宋代建成的學宮夫子廟學宮。後世歷代都對這所學宮進行過維護性修建。至明南京國子監時期，南京國子監成為當時世界上最繁盛的高級學府。

　　明王朝建立後建立的南京國子監官學，以及清代北京國子監官學，成為這一時期南北呼應的最高學府，是科舉時代士子們最重要的仕途門徑。明清時期的南京國子監在中國官學發展歷史上，書寫了輝煌的篇章。

南京夫子廟的創建與發展

那是在宋代景祐年間的元一〇三四年，宋仁宗趙禎詔令在南京東晉學宮的基礎上擴建成一所新的學宮，稱為夫子廟學宮。後世歷代都對這所學宮進行過維護性修建。

夫子廟位於秦淮河北岸。秦淮河是古老的南京文化淵源之地，而內秦淮河從東水頭至西水關全長四點二公里的沿河兩岸，從六朝起便是望族聚居之地，商賈雲集，文人薈萃，儒學鼎盛，素有「六朝金粉」之譽。

六朝時期，夫子廟地區已相當繁華，烏衣巷、朱雀街、桃葉渡等處，都是當時高門大族所居。自六朝至明清，十里秦淮的繁華景象和特有的風貌，曾被歷代文人所謳歌。

六朝時期南朝齊永明年間刻成的《孔子問禮圖》石碑，是南京夫子廟的「鎮廟之寶」之一。此碑是一塊拼接的石碑。碑中間的磚雕刻著孔子由山東去洛陽拜訪老子，考察西周典章、學習禮儀，尋找治國方法的畫面。

圖中是二人駕車，一組古裝人物在城門前歡迎的場面，刻有「永明二年，孔子在魯人周門禮周流」的字樣。圖中線刻的圖畫，線條清晰、流暢，車輛、人物、服飾栩栩如生。碑的上半部有「孔子問禮圖，吳敬恆題」的題字。

現在的夫子廟建築富有明清時期的建築特點，它以大成殿為中心，從照壁至衛山南北成一條中軸線，左右建築對稱配列，佔地廣約兩萬六千三百平方米。四周圍以高牆，配以門坊、角樓。南京夫子廟的「習禮亭」和「仰聖亭」分別擺放著「禮運鐘」和「聖音鼓」。

中國建築有一種獨特的文化意象，這就是鐘，排在中國古代「八音」樂器的首位。南京夫子廟的「禮運鐘」鐘聲渾厚悠揚，與蘇州寒山寺的「夜半鐘聲到客船」的鐘聲有異曲同工之妙。

「禮運鐘」是為紀念孔子誕辰而特別鑄造的，鐘的上半部刻畫的是孔子周遊列國的場景，中間鑄有孔子《禮運大同篇》中的銘文，下半部是麒麟吉祥如意的圖案。「禮運鐘」三個字是由孔子第七十七代嫡孫女孔德懋題寫的。

古時有「晨鐘暮鼓」的禮儀，南京夫子廟的「聖音鼓」，也是為了紀念孔子誕辰所鑄的，與「禮運鐘」同為青銅鑄造。青銅鼓也是春秋時期舉行雅樂活動的樂器，鼓聲渾厚，威震四方。

古時候，夫子廟學宮是學子和秀才研習經書的地方，是科考的預備場所，也是學子們學習和生活的地方。在這裡生活，必須要有生活用水，「玉兔泉」便是學子們唯一用水的地方。泉水湧現，清澈透明，水質優良。

據元代南京方志《至正金陵新志》記載，玉兔泉的來歷還與宋代的太師秦檜有關。

相傳秦檜在夫子廟學宮學習時，一天晚上看見一隻白兔入地，他便派人到玉兔指引的地方進行挖掘，剛挖到一丈處，發現此處有泉眼，泉水清澈。等到秦檜考上狀元之後，派人開鑿造井，並親自題寫篆書「玉兔泉」。

官學盛況：國子監與學宮的教育

成賢之路 南京國子監

　　明代開國功臣，御史中丞兼太史劉伯溫專門撰寫了《玉兔泉》一文，記載了秦檜夜晚發現井和開鑿造井的故事，並作銘文，專為玉兔泉水辯冤：

　　劉伯溫的意思是說，秦檜是奸臣，但並不能誹謗和冤枉「玉兔泉」本身。因此他撰寫銘文告知大眾。

　　由於玉兔泉清澈透明，水質上乘，加上學宮內又培養和造就了大批的經國人才，後來有人根據儒家「智者樂水，仁者樂山」的思想，而把玉兔泉改為「智慧之泉」，又稱「智泉」。

　　玉兔泉旁邊的碑叫《為優拔貢生籌措考盤費》碑，立於清光緒年間，記載了李鴻章、左宗棠等人捐白銀一萬餘兩，作為附屬七縣考生赴京會試公車經費的經過。

　　大成殿的建築規制，也是沿用古時候皇帝特批的「九五之尊」的建築規格。大成殿為重檐歇山頂式，檜死為蛆，泉潔自如；我作銘詩，眾惑斯祛。嗚呼泉乎！終古弗諭。屋面蓋青色小瓦，輕秀隨和。屋脊的雙龍戲珠立雕，號稱「江南第一龍」。這種風格的建築在全國為首創，造型精美。整座建築重檐飛翹，斗拱交錯，氣勢雄偉。

　　「大成殿」三個金色大字是清代雍正皇帝御筆題寫的，大殿左右兩側懸掛著巨幅楹聯，對孔子的一生作了精闢的概括。楹聯寫道：

　　刪述六經，垂憲萬世；德侔天地，道貫古今。

　　大成殿面闊五間，東西兩廡面闊九間，是南京夫子廟的主體建築，也是祭祀孔子的聖殿。殿前露臺正中央一尊孔子

青銅像，高四點一八米，重二點五噸，是中國最大的孔子青銅像。

民間有許多關於這尊孔子青銅像的傳說，如摸摸孔子的腳和衣服就能夠狀元及第，飛黃騰達，所以孔子銅像的雙腳被摸得鋥亮。

殿內正中間擺放著「至聖先師孔子神位」牌，以供後人的敬仰和尊拜。在孔子神位牌兩側供奉有「四亞聖」，東側為顏回、曾子，西側為孔伋、孟軻，都是漢白玉雕成。

顏回是孔子最得意的弟子，被列為孔子弟子中「德行」第一，「七十二賢」之首。他提出「克己復禮為仁。一日克己復禮，天下歸仁焉」的思想，被尊稱為「復聖」。

曾參十六歲時拜孔子為師，是孔子學說的主要傳道人之一，《四書》中的《大學》一書的作者，也是《論語》一書的主要編著者，後被封為「宗聖」。

孔伋是孔子的孫子，著有《中庸》一書，後被封為「述聖」的尊號。

孟軻，即孟子，提出《仁政》學說，倡導「以德服人」，提出「得道者多助，失道者寡助」的重要思想。後人也把孔子、孟子代表的儒家思想稱為孔孟之道，後被封為「亞聖」的尊號。

大殿上方有清代八位皇帝題贈的匾額，它們分別是康熙帝的「萬世師表」、雍正帝的「生民未有」、乾隆帝的「與天地參」、嘉慶帝的「聖集大成」、道光帝的「聖協時中」、

咸豐帝的「德齊幬載」、同治帝的「聖神天縱」、光緒帝的「斯文在茲」匾額。

這一塊塊匾額印證了清代歷朝皇帝尊崇膜拜孔子的歷史。清康熙皇帝御筆題寫的「萬世師表」，整個匾雕龍貼金，十分氣質。「萬世師表」的意思是孔子和他的道德學問是我們千秋萬世的老師和表率。

在祭祀區內還擺放了用於祭孔樂舞中的古樂器，有編鐘、編磬、琴瑟等。

學宮內的「尊經閣」是一座重檐丁字脊歇山頂三層古建築，端正凝重、玲瓏華麗建築。尊經閣的名稱意思是「以經為尊」。古時候為教諭講課的講堂，樓上藏有「十三經」和「二十一史」等書籍。

古時候，藏書歷來是讀書人的精神寄託，藏書樓是文人雅士心目中的聖殿。尊經閣始建於明代中期，清咸豐年間毀於戰火。後來在清同治年間又由一等毅勇侯曾國藩和直隸總督李鴻章相繼擴建重建。

清代還在尊經閣開辦過「尊經書院」。書院是地方士紳開設的儒學講習場所，也是科舉時代培養人才的途徑之一。尊經書院古時為南京的八大書院之一，名噪一時。

文德橋原為六朝金陵二十四航之一，明萬曆年間建成木橋，之後由錢宏業改建為石橋，橋名取儒家「文德以昭天下」之意。後來修葺時改建為漢白玉橋欄，青石橋面。

因文德橋位於子午線上，每年農曆十一月十五子時，月亮正臨子午線，橋影可將河中明月分為兩半。此時人立橋上，

俯身可見橋下兩個「半邊月」，稱「文德分月」。立身自顧無影，即為「月當頭」奇觀。每逢這天，橋上人山人海，觀月者常將橋欄擠斷而落入水中，故又有「文德橋欄杆靠不住」的歇後語傳之於世。

武定橋也稱上浮橋，最初題名為「嘉瑞浮橋」，與朱雀橋相對。明初易名為「武定橋」，取「文能安邦，武能定國」之意。此名又與文德橋相呼應，俗稱文、武二橋。

清代末年，南京夫子廟學宮成為南京民間民俗文化的集結地。南京的評書、相聲、揚劇、崑曲、古琴等都落戶在這裡，各種群眾文藝活動十分活躍，與北京天橋、天津勸業場齊名，成為中國曲藝的三大發祥地之一。

在中國教育史上，南京夫子廟學宮具有獨特的地位，是科舉時代學子讀書的最高學府。

比如東晉政權的奠基者之一王導，家住烏衣巷，是六朝時期南京教育的先驅人物。王導提出「建明學校，闡揚六藝，以訓後生」，晉元帝於西元三一七年開始「置史官，立太學」，晉成帝於西元三三七年在秦淮河南岸重建太學，史稱「國學之興」。

到了明清時期，對南京的夫子廟學宮進行修葺和擴建，明德堂是學宮的主體建築。

明德堂坐北朝南，始建於北宋，後經幾度興廢。現有建築為清同治年間重建，後又經大規模修復。這裡是古代學子上大課的地方，每月初一、十五，學宮都要舉行朝聖典禮。

官學盛況：國子監與學宮的教育
成賢之路 南京國子監

典禮後，由學宮教諭主講孔子學說及當時皇帝的聖諭等。全學宮的學子不分年級，都要到明德堂聽課。

明清時期的學子，進學宮學習成為科舉的必由之路。許多學子們本著「萬般皆下品，唯有讀書高」和「聖賢之地、讀聖賢書、成聖賢之士」的願望，來到學宮進行學習和生活。「地處廟內深幽處，悠悠傳來讀書聲」，指的就是學宮內學子們學習和生活的場景。

能夠說明明清時期南京夫子廟學發展的，還有夫子廟宮院內的「明代學宮碑」和「清代學宮碑」。這兩塊學宮碑的內容類似現在的大、中學校學生守則。

「明代學宮碑」，是明代開國皇帝朱元璋，為教化天下，激勵天下士子學人，遵循儒學，於西元一三六九年命禮部撰文，規定全國學宮、府學、縣學、書院學子們的學習內容及行為準則，史稱「學宮條規」。

「清代學宮碑」的碑文是清代順治皇帝為規範全國學宮、府學、縣學、書院學子們的學習，於西元一六五二年命禮部立石於全國學宮。清代學宮碑除規定了學子們的學習教材及相關罰則外，增加了要求學子們尊敬、愛戴父母和老師，做利國利民之事等內容。

千百年來，學子們在孔廟祭孔，到學宮培訓，赴貢院趕考。南京夫子廟學宮共走出了六十六名狀元。在清代一百一十二名狀元中有五十八名是從南京夫子廟考上的，佔了一半以上。夫子廟學宮為中國古代教育積累了寶貴的經驗，很多開先河之舉已載入史冊。

俗話說：「自古江南多才子」，歷史上從南京夫子廟學宮以培養了大批經國人才而享譽海內外，從這裡走出了多名安邦治國的名臣、教育家、文學家和藝術家。

比如，三任江寧知府的王安石，南宋忠臣文天祥，中國古典名著《儒林外史》作者吳敬梓，孔子後代、《桃花扇》作者孔尚任，清代著名文學家袁枚，民族英雄鄧廷楨，清代名臣林則徐，洋務運動領袖李鴻章等，他們都曾在學宮裡留下了他們的足跡。

明代南京國子監與地方官學

那是在中國明王朝建立之初，明太祖朱元璋就確立了本朝的文教政策，即「治國以教化為先，教化以學校為本」。為此，明初採取了一系列重教興學措施。

明太祖屢次下詔或遣使向全國訪求賢才，招納明經儒士，給予高官厚祿。此外，明太祖更為重視中央官學培養人才的作用，他強調：

太學，天下賢關，禮義所由出，人才所由興。

明初建都南京後，在南京雞鳴山設立國子監，稱為「南雍」。國子監設立的負責人祭酒與司業，以及下設的各類別的教官，均列入國家行政官吏之列。

官學盛況：國子監與學宮的教育
成賢之路 南京國子監

明初設立的南京國子監不僅是全國最高學府，同時又是全國最高的教育管理機構。南京國子監規模宏大，據《南雍志》記載：

東至小教場，西至英靈妨，北至城坡土山，南至珍珠橋；左有龍舟山，右有雞鳴山，北有玄武湖，南有珍珠河，延袤十里，燈火相輝。

南京國子監內設繩衍廳、博士廳、典籍廳、典薄廳、掌饌廳五廳，作為職能部門，分管國子監教學、行政和後勤各方面事物。國子監內有學官教官四十四人，學官教官被任以官軼，明確職責，各司其職。

明代南京國子監的學生生源主要有兩大類：一類是官生，一類是民生。官生是出生於官家的子弟，由皇帝准許指派而免試入監。民生的來源，一類是貢監，另一類是舉監，指從會試落第的舉人中擇優者入監肄業，無論是官生還是民生，享受著比較優厚的生活待遇。

當時官生和民生常走的街巷有一條著名的成賢街。成賢街是一條巷子，巷子不是很寬，但在明代可能算是寬闊的馬路了。當時通往國子監的道路，由於是即將準入仕途的官生和民生使用，故這條路被稱為「成賢街」。

南京國子監在建立之初和其後的發展中，逐漸建立起一整套學規學制和教育管理制度。

明太祖把綱常道德教育滲透於教學之中，同時還要以程朱理學為正宗思想，要求學生熟讀「四書五經」。此外還要求學習法令等，以《大明律》、《御製大誥》為學習內容。

明太祖重視學規要求，強調學官的師表作用，為此制定一系列法令、制度和懲處條例，對各級學校和學生施行嚴格的控制與管理。如分級授課，積分法和監生歷事制度。

　　南京國子監還設立了一些專科性學校，這些學校實質上是專門施行某一方面教學的教育機構，用以培養有關方面的人才。

　　比如：宗學，是明代專為教育宗室子弟而設立的貴冑學校；武學，明代透過設立中央武術學校來進行專門的軍事教育，培養軍事人才。

　　南京國子監還設立了一些專業的教育機構，這些機構除施行朝廷專門的職責外，還從事一些教學活動，承擔對從事這些專門職責的專業人才的培養教育工作。

　　比如：欽天監，是明代中央政府設立的專門機構，掌管有關事物並進行事業傳學；太醫院在明初時設，後改為太醫監，不久改為太醫院，學生從醫家子弟中擇而教之，其特點是在工作的同時從事學習。

　　明代南京國子監在明代官學的發展中佔有重要的歷史地位，尤其是在明代前期，對明王朝高等人才的培養起著至關重要的作用。

　　明代南京地區的地方官學空前發展，地方教育網絡業已形成，明代南京地區的地方官學主要是應天府學及應天府所轄八縣之縣學。

　　南京國子監設立有專門的「監規」，有權對地方府、州、縣各級學校頒發學規禁例。當時南京地區的各類學校，按照

官學盛況：國子監與學宮的教育
成賢之路 南京國子監

朝廷的要求，設置統一的課目，學校的教材使用統編的教科書，統一規範各地的教學。

明代的南京地區還設置了一些專門的學業教育機構，這些機構所進行的學業教育亦成為官學教育的補充部分，有陰陽學和醫學。

在社學方面，明太祖認為：

昔成周之世。家有塾，黨有庠，故民無不知學，是以教化行而風俗美。今京師及郡縣皆有學，而鄉社之民未睹教化，宜令有司更置社學，延師儒以教民間子弟，庶可導民善俗也。

因此，明太祖下詔置社學，南京地區的社學亦由此而大興，並有了進一步的發展。

南京國子監在國際上影響很大，當時鄰邦高麗、日本、琉球、暹羅等國「向慕文教」，不斷派留學生到南京國子監學習。

由於南京國子監及其他中央官學中，接納和安置了許多國外前來學習的留學生，留學生教育方面得到很大的發展。再加上當時地方官學的蓬勃發展，在這個時候，就需要有官學的管理與制度。

當時的學政是朝廷派駐各直省督察各府、州、縣儒學的最高長官，代表朝廷主持地方的歲科考試，並檢查地方官學情況，考核教官。各級地方官學教官是官學教育的實施者，生員資格是透過考試而取得和維持。另一方面，生員也要接受嚴格的科舉考試訓練。

地方學校的學習內容有「四書五經」、《性理大全》、《資治通鑒綱目》、《大學衍義》、《歷代名臣奏議》、《文章正宗》等書，學政責成教官講解，學生誦習。按月月課，四季季考，是地方官學的日常考試。

明代對地方官學生員的管理，除了以科舉為導向的考課考試外，還體現在朝廷制定的生員學規和禁令上。

明代開設的南京國子監及開辦的地方教育，是明代南京教育管理體制的一個新特點，為中國傳統教育的發展和創新做出了重大貢獻。閱讀連結

明代南京國子監祭酒當中，有一個叫章公懋的人。他的一個監生因為得不到朝廷頒發的餉銀，就請假說去求人幫忙。章公懋聽後，臉上不禁顯露替學生的擔憂之色，就讓學生快去，並且希望他得到餉銀後告訴自己。

其實，這個監生原本只想找個藉口逃學，但是看到章公懋的擔憂之色，就後悔欺騙了祭酒大人，他心想：先生用誠心待我，怎麼能騙他呢？第二天，這個監生鼓足勇氣回覆章公懋，並言明了事實的原委，請求章公懋原諒。這件事反映出章公懋對學生的真心。

▌南京江南貢院的創建與發展

那是在南宋時期的西元一一六一年末，宋高宗從臨安出發巡視建康即今南京，命樞密院編修官史正志扈從隨行。宋高宗率一班大臣到達建康府後，駐蹕月餘。

官學盛況：國子監與學宮的教育

成賢之路　南京國子監

　　史正志隨駕巡視，悉心觀察建康山川形勢後，深感建康的策略地位重要，向宋高宗進言如何防守事宜，宋高宗及群臣都非常認同他的見解。

　　不久，宋高宗禪位給宋孝宗。宋孝宗久聞史正志之名，授史正志承奉郎，並隨時召之內殿聽對，甚為倚重。西元一一六七年，宋孝宗史正志知建康府。

　　建康即今南京，又名金陵，地處長江邊，山川形勢險要，易守難攻，進可圖中原，退可保江浙，軍事地位突出。歷史上曾是六朝都城，更是南宋江防要塞，朝廷在此建行宮，稱作留都，故而建康守官一般由朝廷重臣擔任。由於史正志熟諳軍事，通曉韜略，智勇兼備，故而朝廷派他鎮守這一要地。

　　史正志在建康任軍政要職三年，做了幾件值得稱道的事，其中西元一一六八年以侍郎蔡寬夫建康舊宅創建的建康貢院，是供科舉考試的場所，後來發展成著名的江南貢院，其地點在今秦淮河畔夫子廟附近。據南宋名相馬祖光修地方志《景定建康志》卷三十二記載：

　　建康府貢院，在青溪之南，秦淮之北，即蔡侍郎寬夫舊址也。乾道四年，留守史公正志建。

　　建康貢院建成後，對南宋士子透過科舉考試進入仕途提供了一個很好的場所。南宋時期傑出的民族英雄和愛國詩人文天祥，就是建康貢院考場選出的傑出人才。

　　文天祥是宋理宗時的進士，當都城臨安危急之時，他在家鄉招集義軍，堅決抵抗元兵的入侵。後不幸被俘，在拘囚中，大義凜然，終以不屈被害。

文天祥著有詩詞名篇《正氣歌》和《過零丁洋》，反映了他堅貞的民族氣節和頑強的戰鬥精神。風格慷慨激昂，蒼涼悲壯，具有強烈的感染力。

南宋時期的建康貢院歷經數百年風雨，到明清時期，已經成了南京夫子廟地區三大古建築群之一，仍然是國家重要的考試場所。清初南京為江南省首府，故建康貢院改為「江南貢院」之名。

西元一三六八年，朱元璋擊破各路農民起義軍後，在應天府稱帝，國號大明，年號洪武。朱元璋定都南京後，鄉試、會試都集中在南京舉行，其他縣學、府學必須另建考棚。

明成祖朱棣西元一四二一年遷都北京，將南京仍作為陪都。因江南地區人文薈萃，參考士子日益增多，原有考場便越來越顯得狹小。這時，明成祖便繼續派人建造江南貢院。

復建後的江南貢院，仍保留有「明遠樓」、「貢院碑刻」等重要文物古蹟。

明遠樓原為江南貢院的中心，也是貢院最高的一座建築。明遠樓大門上懸有橫額「明遠樓」三個金字，外牆嵌《金陵貢院遺蹟碑》，記述了貢院的興衰歷史。登臨四望，秦淮風月，歷歷在目。

「明遠」二字取自儒家經典《大學》中「慎終追遠，明德歸厚」之意。明遠樓左右兩側的對聯是「明經取士，為國求賢」。樓內有清康熙年間著名詞人李漁所題對聯，「矩令若霜嚴，看多士俯伏低徊，群囂盡息；襟期同月朗，喜此地

江山人物，一覽無餘」。從聯中也可看出明遠樓設置的目的和作用。

明遠樓兩側是碑廊，陳列著明清時期的貢院碑刻二十二通，其中有康熙御題碑、兩江總督鐵寶碑、重修擴建貢院碑等，是研究明清貢院建制沿革和科舉情況的實物資料。

這些貢院碑刻時間橫跨明天順元年的西元一四五七年至一九二二年，詳細地記載了這段時間江南貢院的歷史興衰，以及皇帝、大臣、名士等對江南貢院的讚譽、評價和題詠。

《應天府新建貢院記》、《增修應天府鄉試院記》、《江寧重修貢院記》、《重修江南貢院碑記》、《金陵貢院遺蹟碑記》等，記載了江南貢院的遷址、新建、整修、擴建至拆毀的全過程。

《壬午科兩大主考公正廉明碑記》、《江南貢院主考題名記》、《籌措朝考盤費碑》、《萬壽科題名記》、《頌德碑》等，主要記載了江南貢院部分主考、中舉考生姓名及清代江南貢院主考、監臨官員的清正廉明事跡。

《御製宸翰》、《鐵保手書》、《乙卯貢院詩》、《祖洛詩刻》等，則著重反映了從康熙皇帝到大臣名士對科舉制度及親歷江南鄉試的感慨與抒懷。

《金陵貢院遺蹟碑記》則記載著江南貢院在科舉制廢除後，如何由「數百年文戰之場，一旦盡歸商戰」的全過程。

這些碑刻是江南貢院數百年歷史的見證，它們忠實地記錄下江南貢院曾發生過的一切重大事件。這樣無間斷記載著幾百年科舉考場史實的碑刻，在全國也僅此一處，雖然它記

載的只是江南貢院歷史，但是透過它可以反映出中國古代整個科舉考試的概貌。

　　江南貢院經過明清兩代的不斷擴建，已形成一座擁有考試號舍兩萬零六百四十四間，另有主考、監臨、監試、巡察以及同考、提調執事等官員的官房千餘間，再加上膳食、倉庫、雜役、禁衛等用房，更有水池、花園、橋樑、通道、崗樓的用地，佔地近三十萬平方米。其規模之大，房舍之多，為明清時期全國考場之冠。

閱讀連結

　　明代不僅有南京國子監、北京國子監，還曾在西元一三七五年於鳳陽另置中都國子學，與當時的南京國子學並立，但是中都國子學選收的學生，均為南京國子學優選後的中式生員。

　　西元一三九三年，罷中都國子監，將其師生併入南京國子監。至明成祖遷都，改北平為北京，並設北京國子監，原置於南京的京師國子監為南京國子監，於是又開始有了南監、北監之分。終明之世，南北兩監一直並立為全國最高學府。

▍明清時期江南貢院的科舉

　　明清時期，在南京江南貢院舉行的鄉試稱為「南闈」，在北京順天府舉行的鄉試稱為「北闈」。

　　明清時期的江南貢院作為有當時全國最大的考場，這裡在明清兩代出了很多名人。如施耐庵、唐伯虎、鄭板橋、吳

敬梓、翁同龢等歷史名人，他們均為江南貢院的考生或考官。中國最後一個狀元劉春霖也出於此。

施耐庵是江蘇興化人，元末明初著名小說家，長篇古典小說《水滸傳》的作者。

施耐庵自幼讀書用功，記性又好，他讀過的經書和史書，很多都能整篇背誦。遇到教師提問，他能對答如流。長大後不僅樂於幫助鄉里人，對待父母也很孝敬。父親生了病，他和妻子守在床邊，送水餵藥，徹夜不眠。

這樣，到了參加科舉考試的時候，地方官推薦了施耐庵參加江南貢院的鄉試。後來在西元一三三二年，施耐庵考試中了進士，被派到錢塘做了個地方官。他為官三年，因不滿官場黑暗，不願逢迎權貴，棄官回鄉，撰寫《江湖豪客傳》一書，即《水滸傳》。

施耐庵寫完《水滸傳》後沒過幾年就病逝了。《水滸傳》至今還代代流傳。

唐伯虎是明代南直隸蘇州吳縣人。他自幼聰明伶俐，熟讀「四書」、「五經」，並博覽史籍，十六歲秀才考試得第一名，轟動了整個蘇州城，號稱「江南第一風流才子」。

唐伯虎二十九歲時，到南京江南貢院參加鄉試，又中第一名解元。正當他躊躇滿志，第二年赴京會試時，因牽涉科場舞弊案而交厄運，絕意仕途。

唐伯虎是明代「吳門畫派」四大畫家之一。他的畫作題材廣泛，揮筆自然，風格別具，雅俗共賞，深受各個階層志士仁人乃至庶民百姓的賞析與青睞。

唐伯虎的詩風情真意摯，自然流暢，信手拈來，不拘成法，大量採用口語，意境清新，對人生、社會常常懷著傲岸不平之氣。

　　除詩文外，唐伯虎也嘗作曲，多採用民歌形式，由於多方面深厚的文學藝術修養，經歷坎坷，見聞廣博，對人生、社會的理解較深，所以作品雅俗共賞，聲名遠颺。

　　鄭板橋是江蘇興化人。西元一七三二年秋，十四歲的鄭板橋赴南京江南貢院參加鄉試，中舉人，作《得南捷音》詩。西元一七三六年中進士。官山東范縣、濰縣知縣，有政聲。

　　鄭板橋做官前後，均居揚州，是「揚州八怪」之一。其詩、書、畫均曠世獨立，世稱「三絕」，擅畫蘭、竹、石、松、菊等植物，其中畫竹已五十餘年，成就最為突出。

　　吳敬梓是安徽全椒人。他原本是書香門第，有田有房，衣食不愁。可他總愛用錢去幫助窮人。他考中秀才後，幾次到南京江南貢院來考舉人，都住在秦淮河畔，故稱他為「秦淮寓客」。後來他漸漸萌生了到南京來定居的想法，於是舉家遷居南京，在秦淮一直住到去世。

　　吳敬梓一生創作了大量的詩歌、散文和史學研究著作，有《文木山房詩文集》十二卷，今存四卷。不過，確立他在中國文學史上的傑出地位的，是他創作的長篇諷刺小說《儒林外史》。

　　翁同龢是江蘇常熟人。他自幼稟性好學，通讀「四書」、「五經」，並且以優異的成績考入常熟縣學遊文書院。

官學盛況：國子監與學宮的教育

成賢之路 南京國子監

西元一八四五年應試江南貢院，考中秀才，西元一八五二年應順天鄉試中舉人，西元一八五六年殿試一甲一名，考中狀元。曾做清光緒帝的老師，「得遇事進言」，光緒皇帝「每事必問同龢，眷倚尤重」。

翁同龢是中國近代史上著名政治家、書法藝術家。他文宗桐城，詩近江西。工詩，間作畫，尤以書法名世。當時的書法家對他的書法造詣之高十分敬佩。

劉春霖是直隸肅寧人。他天資聰穎，學習刻苦，深受老師喜愛。後來，父親把他帶至保定，入蓮池書院讀書，連續攻讀十餘年，學業長進很快，頗得院長吳汝綸賞識。

一九〇二年，劉春霖在江南貢院考取舉人。一九〇四年夏天他參加殿試，一舉獲得一甲頭名，得中狀元。

就在劉春霖金榜題名後的第二年，清政府宣布「停止科舉，推廣學校」。科舉制度的廢除，使劉春霖成為中國歷史上最後一名狀元。他因此戲稱自己是「第一人中最後一人」。

中狀元後，劉春霖被授翰林院修撰。次年，便和同科進士沈鈞儒、譚延闓、王揖堂等人一起奉派到日本政法大學留學。歸國後，歷任資政院議員、記名福建提學使、直隸高等學堂提調和保定北洋女子師範學校監督等職。

明清時期南京江南貢院的名人除了上述這些外，還有晚清時期的曾國藩、左宗棠、李鴻章、陳獨秀等歷史文化名人，他們或做過當年的考官，或在此趕過考。

清末廢科舉興學校，南京江南貢院也隨之失去作用，停止開科取士。一九一九年開始拆除貢院，除留下貢院內的明

遠樓、衡鑒堂和一部分號舍作為歷史義物外，餘下部分全部拆除，闢為市場。

閱讀連結

　　在南京江南貢院科舉考試中成名的人當中，張謇也是一個頗有建樹的人。他西元一八六八年以來，進出科場二十多次，終於在西元一八九四年四十一歲時得中一甲第一名狀元，授以六品的翰林院修撰官職。

　　張謇是著名的實業家和教育家，主張「實業救國」。他一生創辦了二十多個企業，三百七十多所學校，為中國近代民族工業的興起，為教育事業的發展做出了寶貴貢獻，被稱為「狀元實業家」。

官學盛況：國子監與學宮的教育

天下書聲 歷代學宮

天下書聲 歷代學宮

　　學宮原本是西周時期天子教授國子和貴族子弟的場所，其教育功能和建築形制在後世得到了繼承和發展，湧現出了戰國時期的稷下學宮、東漢時期的鴻都門學、唐代龍川學宮、北宋高要學宮、明代汝州宮學等，成為各個朝代地方官學的重要形式之一。

　　各地學宮的建築格局是明倫堂居中，前部左右設東廡和西廡房，堂後為尊經閣或藏書樓，堂前設儒學門和儀門。此外還有齋舍、儒學署、教授廳、敬一亭、觀德亭等建築，體現了教育功能與建築形制的統一。

西周時期的學宮起源與發展

據傳說，舜帝年紀很大的時候，堯帝的異母弟契去世了。契是舜帝被任命的主要掌管教育的官員，他在世的時候，自始至終沒擺半點皇親、長者、老臣的架子，大家都很尊重他。

契的去世，讓舜帝非常心痛。他下令輟朝七日，舉朝深切悼念，然後又為契舉行了隆重的葬禮。

老臣們一個一個地去世，這讓已經不再年輕的舜帝無比感傷。歲月流逝，人生易老。於是，他決定開設「庠」這樣的學校，不僅可以使老臣們老有所養，而且也算不辜負契生前教化人心的願望。

西周時期的「庠」具有兩個功能：一是將年歲大的老臣供養在這裡並建立養老制度；二是教化人們尊老愛老。

「庠」可以說是中國歷史上最早的學宮，它作為養老教化之所，一方面反映了原始氏族公社尊老敬長的優良傳統，以及與教化相關的禮儀和內容；另一方面，它在古代教育的發展過程中，首開太學教育之先河，實屬功不可沒。

西周學宮的主要特徵是「學在官府」，也就是學在庠。在這一體制下，形成了從中央到地方的較為完善的學校教育體制，以及以禮、樂、射、御、書、數等「六藝」為主體的教育內容。

「六藝」是指禮、樂、射、御、書、數六種技能或能力。「六藝」之中，又有「大藝」、「小藝」之分，禮、樂、射、御作為大藝，是大學的課程，書、數作為小藝，主要是小學

的課程。西周「六藝」教育傳統對後世封建社會的教育也產生了深刻的影響。

西元前四七八年，孔子的弟子將孔子的曲阜「故所居堂」立廟祭祀，當時有廟屋三間，內藏孔子的衣、冠、琴、車、書等遺物，歲時奉祀。這就是山東曲阜孔廟。自此，歷代帝王不斷給孔子加封謚號，孔廟的規模也越來越大，成為全國最大的孔廟。

在孔廟未修之前，在學宮裡就有祭祀堯舜禹等先師先聖的禮儀。孔子去世後，人們在孔廟裡學習禮樂文化。此時，學在廟中，廟中有學，「廟學合一」初顯端倪。

孔廟建成以後，西周時期「學宮」意思的使用發生了很大轉變。由於孔廟往往就是地方上供子弟讀書的場所，因此，孔廟又稱為學宮。尤其是在明清之際，府、州、縣的地方官辦學校與地方孔廟的教化功能相結合，共同組成了一個特殊的建築群類型，即廟學建築。

學宮與孔廟形成的廟學建築群平面布局，主要有左廟右學、左學右廟、前廟後學和中廟旁學這四種。

左廟右學是明清地方廟學定型以後的正規布局，其源於周禮中尚左之制，根據「左祖」原則，先聖先師之廟應建在學宮之左。

此種布局較早出現在唐代，當時都城長安的孔廟與國子監的布局為左廟右學。元代以後各朝代的都城孔廟都位於國子監左側。明代中期以後，全國各地絕大多數廟學都是這種左廟右學的布局。

官學盛況：國子監與學宮的教育
天下書聲 歷代學宮

　　左學右廟這種布局出現於南宋時期，可能是受曲阜孔廟、孔林中尚右的影響。孔子從周制尚右，其後代在墓葬和立廟時都遵循這一原則。南宋時的都城孔廟與國子監的布局也是左學右廟，這種布局對南方的廟學布局有一定影響。

　　前廟後學布局是宋元時期孔廟與學宮分離時期的一種布局方式，後來這種布局的廟學有許多改為左廟右學，而有些地方仍沿襲下來，特別是西北和西南地區，例如陝西省和山西省的廟學絕大多數是這種布局。

　　中廟旁學是指孔廟居中，其東西兩側均建學宮的平面布局。這種布局方式非常少見，它是前廟後學向左廟右學過渡時期的產物，例如山西平遙縣廟學的孔廟居中，左右為東學和西學。

　　中國古代各地學宮建築的基本制度為明倫堂居中，前部左右設東廂和西廂房，堂後為尊經閣或藏書樓，堂前設儒學門和儀門兩道，此外還有一些其他建築設施。這種建築格局，不僅體現了學宮的教育功能，也在中國建築史和教育史上產生了深遠的影響。

閱讀連結

　　北京孔廟的大成殿前西側有一株古柏，名為「除奸柏」。說起這株古柏的名字，還有一個來歷呢。

　　相傳在明嘉靖年間，有一年奸相嚴嵩代替皇帝來孔廟祭孔。嚴嵩本來就心懷篡位之心，這次率百官來到孔廟，就感覺自己真是皇帝似的，得意忘形地在前面大搖大擺地走著。沒想到一沒留神，就被旁邊古柏的樹枝掀掉了他的烏紗帽。

代替皇帝祭孔，掉了烏紗帽，這可是對皇帝的大不敬，也是對孔聖人的不恭。嚇得嚴嵩一句話也不敢說，揀起帽子慌忙戴上。

此事傳出後，人們認為古柏有知，痛恨奸臣，所以就叫它「除奸柏」。

▌春秋名揚天下的稷下學宮

西元前一〇五一年，周武王將為周王朝立下汗馬功勞的姜尚封於齊，都營丘。

領封之後，姜尚帶領文武百官，攜家人侍從，車乘輜重，浩浩蕩蕩，東行就國。在齊地，姜尚勵精圖治，奉行尊賢尚功的國策，並積極發展生產，齊國很快成為強國。

到了春秋時期，齊國一度稱霸。西元前三八六年，姜氏失去政權。經過幾代努力而獲得齊國上下廣泛支持的田氏，取代姜氏，田和成為齊國國君。對此，日漸衰微的周王朝也代表周朝各國表示承認。這一歷史事件被稱為「田氏代齊」。

戰國時期，各個諸侯國都處於大變革之中。田齊的第三代國君齊桓公田午，當時面臨著新生政權有待鞏固、人才匱乏的現實。於是，他繼承齊國尊賢納士的優良傳統，在國都臨淄的稷門附近建起了一座巍峨的學宮，設大夫之號，廣泛招攬天下有志之士，稱為稷下學宮。

稷下學宮實行「不任職而論國事」、「不治而議論」、「無官守，無言責」的方針，學術氛圍濃厚，思想自由，各

個學派並存。人們稱稷下學宮的學者為稷下先生，隨其門徒，被譽為稷下學士。

齊威王當政時期，他在鄒忌等人的輔佐下，採取革新政治、整頓吏治、發展生產、繁榮經濟、選賢任能、廣開言路，擴建稷下學宮等一系列政治、經濟和思想文化措施，終於使齊再次強於諸侯，稷下學宮也進入了一個蓬勃發展的新階段。

對於這段歷史，東漢著名學者應劭在《風俗通義·窮通》中記載說：

齊威、宣王之時，聚天下賢士於稷下，尊崇之，若鄒衍、田駢、淳于髡之屬甚眾，號曰列大夫，皆世所稱，咸作書刺世。

由此可見，稷下學宮在齊威王時就已經有了很大的發展。齊威王採取了更加開明的政策，「趨士」「好士」，稷下學宮的規模和成就達到頂峰。

西元前三一九年，齊宣王即位。他在位期間，借助強大的經濟軍事實力，一心想稱霸中原，完成統一全天下的大業。為此，他革新政治，選賢任能，廣開言路，還像其前輩那樣進一步擴建了稷下學宮。

首先，齊宣王給予了稷下先生們極高的政治地位和禮遇。當時的著名學者鄒衍、淳于髡、田駢、慎到、環淵等七十六人，皆被授為上大夫。這些人蔘與齊國國事，可以用任何形式匡正國君及官吏的過失。

齊宣王還為他們修起康莊大道，建立高門大屋，給予很高的俸祿和優厚的物質待遇。如號稱「稷下之冠」的淳于髡

有功於齊，被貴列上卿，賜之千金，革車百乘。田駢「訾養千鐘，徒百人」。

為了廣開言路，齊宣王勉勵稷下先生們著書立說，展開學術爭鳴。史料記載，齊宣王經常向稷下先生們徵詢對國家大事的意見，並讓他們參與外交活動，及典章制度的制定。據考證，《王度記》就是淳于髡等人為齊宣王所擬定的齊國統一天下後的具體制度和措施。

由於齊宣王的大力支持，稷下學者們參政議政的意識空前強烈，學術研究的自主性、創造性和積極性異常高漲，出現了「致千里之奇士，總百家之偉說」的盛況。

稷下學宮在其興盛時期，曾容納了當時「諸子百家」中的幾乎各個學派。其中主要的如儒、道、名、法、墨、陰陽、小說、縱橫、兵家、農家等學派的學者們聚集在稷下學宮，圍繞著天人之際、古今之變、禮法、王霸、義利等話題，展開辯論，相互吸收，共同發展，稷下學宮達到鼎盛，世稱「百家爭鳴」。

齊宣王時期的稷下學宮，其規模之大，人數之眾，學派之多，爭鳴之盛，都達到了稷下學宮發展史上的巔峰。這既是齊國政治穩定、經濟繁榮的產物，也是當權者重賢用士，思想開放所產生的必然結果。

西元前二二一年，齊國為秦所滅，稷下學宮隨之消亡，但是秦朝設有七十員博士官的制度，據說是沿用了齊國稷下學宮的傳統，而且，秦代的著名博士叔孫通，就號稱「稷下生」。

稷下學宮是齊國君主諮詢問政及稷下學者議論國事的場所，其根本目的就是為了利用天下賢士的謀略智慧，為其完成富國強兵、爭雄天下的政治目標服務。稷下學者進言，齊王納言，是稷下學宮作為政治諮詢中心的一大特色，顯示了稷下學宮的政治功能。

被稷下吸引來的稷下學者都有著積極參與現實的功業思想，他們高議闊論、競相獻策，期望自己的政治主張被齊國執政者所接受、採納。

例如，淳于髡曾用隱語諫威王，使之戒「長夜之飲」，從消極悲觀中振作起來，親理國政，奮發圖強；他又以「微言」說齊相鄒忌，敦促其變法革新。齊宣王與孟子曾多次討論政事，探求統一天下的途徑。王鬥曾面對批評宣王「好馬」、「好狗」、「好酒」，獨不「好士」，直到宣王認錯、改錯為止，「舉士五人任官，齊國大治」。

在教育方面，稷下學宮具有培養人才和傳播文化知識的性質，被後人稱為「田氏封建政權興辦的大學堂」，「齊國的最高學府」，在教育史上的影響也是巨大的。

稷下學宮的教育功能，一是有眾多的師生在開展較正規的教學活動。《戰國策》載田駢有「徒百人」，稷下最為前輩的學者淳于髡也有「諸弟子三千人」之稱。如此師生濟濟一堂，定期舉行教學活動。

二是稷下學宮有較嚴格的規章制度，有學者認為《管子‧弟子職》篇當是稷下學宮的學生守則，裡面從飲食起居到衣著服飾，從課堂紀律到課後複習，從尊敬老師到品德修養，

都規定得詳細嚴格。從此，可見當年稷下學宮的規章制度也是健全、嚴格的。

三是稷下學宮有獨特的教育特點，遊學是其主要的教學方式之一。學生可以自由來稷下尋師求學，老師可以在稷下招生講學，即容許有學與教兩個方面的充分自由。

這些遊學方式的施行，就使學士們開闊了眼界，打破了私學界限，思想兼容並包，促進了各種學說的發展和新學說的創立，大大促進了人才的培養和成長。稷下學宮便成為教育人才的中心。

在學術方面，稷下學宮的學者總是針對當時的熱點問題闡述政見，他們學識淵博，長於分析問題，在表述上旁徵博引，窮盡事理，具有一定的理論性和學術性。

同時，由於稷下學者學派不同，看問題的角度不同，解決問題的方案有異，而會競長論短，爭論不已。在論爭中，不僅充分展示了各自的理論優勢，而且使學者們也認識到各自的理論弱點，促使他們不斷吸收新思想，修正、完善、發展自己的學說，最終促進了稷下學宮在學術上百家爭鳴的局面的形成，使稷下成為當時發展學術、繁榮學術的中心。

稷下法家學派把管仲的禮法並舉的法治思想加以繼承、闡發，形成了比較完整的法治思想。稷下法家提倡法律面前人人平等，執法公正，主張德刑相輔，法教統一，反對嚴刑峻法。

稷下黃老學派的基本體系是由稷下先生慎到、田駢、環淵等創造的，主要著作是《黃老帛書》和《管子》一書中的《白

心》、《內業》、《心術》上下四篇以及《慎子》、《田子》、《蜎子》等。學術特徵為道法結合、兼采百家。

儒家學派的代表人物是孟子和荀子。孟子曾兩度遊齊國，一次在齊威王時，留齊國至少三年之久。齊宣王時再度遊齊國，為客卿，受上大夫之祿，留齊國十餘年。荀子也曾到齊國遊學，長期在齊國居住，至齊政權第七任國君齊襄王田法章時三次為祭酒，一直是學界領袖。

縱橫家學派代表人物是淳于髡，在政治思想方面，他主張禮、法兼用而傾向法治。他以博學善辯著稱，被齊威王立為「上卿」，賜「上大夫」之職，為齊國振興和稷下學宮興盛，做出了傑出貢獻。

名家學派的主要代表人物有尹文、兒說等。他們要求人們按事物的本來面目認識事物，「名」一定要符「實」，反對名實不符。兒說善於辯說，以「白馬非馬」之論折服了稷下學宮中眾多的著名辯士。

稷下兵家學派對軍事理論有深刻的研究，《司馬法》、《子晚子》就是在齊威王的組織領導下，由稷下兵家學派的學者編著而成的。此外，稷下學宮還有道家、農家、小說家等學派。

稷下學宮的創建與發展，在中國文化發展史上樹起了一座豐碑，開創了百家爭鳴的一代新風，促成了中國歷史上第一次思想大解放、學術文化大繁榮的黃金時代的到來。同時，稷下學開啟秦漢文化發展之源，對秦漢以後文化的發展與繁榮產生了深遠影響。

春秋戰國時期，群雄並起，稱霸爭雄，社會處於激烈動盪與變革之中。怎樣實現由亂到治、由分裂到統一？是實行王道還是霸道？稷下學者展開了大爭論。

儒家大師孟子明確主張重王道輕霸道。「霸道」，是仗恃國家實力的強大，假借仁義的名義，來稱霸諸侯，征服天下。「王道」，是依靠道德禮教而實行仁義，經仁義教化征服天下。孟子的學說，不僅在稷下學者中產生了重要影響，也成為了中國封建社會歷代王朝所推崇的儒家思想。

漢代獨特的官學鴻都門學

那是在中國的西漢初年，梁孝王劉武由於好辭賦，門下招集了許多辭賦人才，從事創作，其中的司馬相如、枚乘、吾丘壽王、淮南小山、鄒陽，都是當時有名的人物。

梁孝王虛懷若谷，常和大家討論辭賦，這對漢賦的興盛直接地起了推動的作用，也為後來鴻都門學的創立培養了人才。

西元前一五六年，十六歲的漢武帝登基。為鞏固皇權，在文化上採用了董仲舒「罷黜百家，獨尊儒術」的建議，興辦太學。他還把一批有水平的文學藝術家招進朝廷供事。這些文人學士在政治上積極支持漢武帝的政策，在文學上又表現出非凡的學識與才能，因而受到重用和賞識。其中就有司馬相如，他曾以《子虛賦》、《上林賦》等作品得到漢武帝的讚賞。

官學盛況：國子監與學宮的教育

天下書聲 歷代學宮

　　到了東漢時期，漢靈帝劉宏愛好文學，書法。他引召太學生中能為文、賦者待制京城洛陽鴻都門下，以後又將許多善尺牘和工書鳥篆者都加以引召，當時已有數十人。西元一七八年二月，東漢靈帝下令創建了一所學院，以選拔人才。因校址設在洛陽鴻都門而得名。

　　文學和藝術的發展，是鴻都門學這所文藝專科學院創立的又一重要條件。

　　漢代的散文和辭賦一直被公認是中國古代文學史上光彩奪目的篇章。書法至漢代也有長足進步，它開始被人們視為一門藝術。漢代的繪畫也很發達，以人物畫力主，朝廷也借繪畫來表彰忠臣義士。總之，文藝的發展，為文藝專門教育的產生，提供了條件。

　　中國古代取士除以儒經為主要依據之外，還有以詩文取士的，表現了重視人的才華的傾向。漢靈帝重用文學之士，正是後世文學取士的導源，這些都是他對中國古代教育發展所起的積極作用。

　　鴻都門學的學生是由州、郡、三公薦舉，能為尺牘、辭賦及工書鳥篆者，經過考試合格方得入學，據《後漢書·靈帝紀》說曾招「至千人焉」，可見規模之大。

　　鴻都門學以尺牘、小說、辭賦、字畫為主要學習內容。尺牘，是古代書信的名稱，由於當時的書信都刻之簡牘，規格為以尺一寸，所以稱尺牘、尺翰、尺簡、尺牒等，原來是一種實用文體，使用廣泛。尺牘有一定書寫格式，包括章、

奏、表、駁、書等類，至漢代，尺牘中已有不少精彩散文，所以，學習尺牘，既有實用性，又有文學性。

鴻都門學所學的小說，是諸如神話傳說、街談巷語、志怪志人之作等。總之，鴻都門學以學習文學、藝術知識為主，不同於以儒學力主的其他官學。

鴻都門學的學生，大多是無身分地主及其子弟，都是士族看不起的「鬥筲之人」，他們以文藝見長而受靈帝的寵信，這些學生學成之後大多都被授予了高官，有些出為刺史、太守，入為尚書、侍中，還有的封侯賜爵。

鴻都門學一時非常興盛，但延續時間不長，它隨著漢王朝的衰亡而結束。鴻都門學雖然設立時間不長，卻出了一些著名的書法家，他們主要擅長鳥篆和八分書，代表人物有師宜官、梁鵠、毛弘等。

鴻都門學不僅是中國最早的專科大學，而且也是普天之下創立的最早的文藝專科大學。鴻都門學開設的辭賦、小說、尺牘、字畫等課程，打破了專習儒家經典的慣例，改變以儒家經學為唯一教育內容的舊觀念，提倡對文學藝術的研究，是對教育的一大貢獻。

鴻都門學招收平民子弟入學，突破貴族、地主階級對學校的壟斷，使平民得到施展才能的機會，也是有進步意義的。

鴻都門學的出現，扶植了文學藝術的發展，為後來特別是唐代的科舉和設立各種專科學校開闢了道路。

閱讀連結

漢靈帝為了籌建鴻都門學，可以說是煞費苦心。他曾多次下詔，徵召民間名儒和各方面有專長的大家，前來來擔任鴻都門學博士，為鴻都門學士子講學。

在當時，很多所謂的名儒對鴻都門學的建立有一種強烈牴觸情緒的，特別是鴻都門學所招收的學生和教學內容都與太學相反；而民間名儒也大多拒絕靈帝的徵召，或以各種理由為徵召開脫。漢靈帝因此大怒，下詔凡拒絕徵召者，朝廷以後將永不錄用。可見漢靈帝用心之良苦。

▌唐代創建的嶺南龍川學宮

西元前二〇三年，趙佗創立了南越國，自號「南越王」。西元前一九六年，漢高祖下詔封歸順漢王朝的南越國國王趙佗為「南越王」。從此以後，趙佗重視傳入中原漢文化和先進生產技術，並融合越地社會，使嶺南生產發展，人民安居樂業。也就是從趙佗開始，嶺南有了文明的標誌。

嶺南文化具有豐富的內涵，獲得了相應的繽紛表現。嶺南學術思想，吸取由中原相繼傳入的儒、法、道、佛各家思想並進行創新，孕育出不同風格的思想流派。

趙佗催發嶺南文明發祥萌芽後，作為嶺南地區最早設置的縣份之一，龍川很早就開始重視人文、教育的傳承與延續。

到了唐代，龍川就創建了學宮。宋代多有本地及客寓龍川的飽學之士建立書院。明清時更是普設社學、義學。

學宮是各地祭祀孔子並由唐時起同時為國家培養人才的地方，成為地方官學的泛稱，擔負傳承文化、施行禮樂的教化職能。由於龍川是客家古邑，通行客家話，龍川學宮自然就成為歷朝客家人祭孔的地方。

一千多年的風雨滄桑，龍川學宮多有變遷。龍川學宮始建於唐，南宋時一些循州官員都對學宮修葺過。西元一二八一年，龍川學宮遭到兵燹。至明代前期，當地官員重建學宮，規制悉備。

到了清代順治年間，龍川學宮又被攻城的賊寇毀壞。原學宮還有照壁、泮池、戟門、東廡、西廡，後世留存的大成殿、明倫堂、尊經閣都是清政府在西元一六六八年重建的。

重建後的龍川學宮，由照壁、長廊、櫺星門、泮池、拱橋、東西廡、大成殿、明倫堂、尊經閣等組成。由於年久失修，部分被毀壞。現存大成殿和明倫堂、尊經閣等。

大成殿坐北朝南。面寬五間二十六點五六米，進深四間二十四點四〇米，高十八米。面積達四百四十平方米。歇山頂，重檐四出，穿斗與抬梁混合式屋架，檐下四周鬥栱重疊出跳，樑柱上有鳳、鳥、魚、龍各式漆金雕刻，顯得古樸大方。

清嘉慶時期，由嘉慶御書的「御頒至聖先師大成殿」的金匾懸掛於正殿門楣上。在金匾的正面，有卷棚式通廊，石柱造型、梁架結構，具有明顯的清代風格。

大成殿的周圍石柱上不設斗栱，直接頂托著檐枋。在上檐下施斗栱多組。梁架和斗拱間雕刻有蓮花、龍頭、卷雲等紋飾。重修後的龍川學宮基本是修舊如舊，整體色調沉穩。

官學盛況：國子監與學宮的教育
天下書聲 歷代學宮

在大成殿裡，「至聖先師」孔夫子端坐在清康熙帝御書「萬世師表」金字牌匾下，雙手交放虛拱於胸前，面容肅穆。

當年，孔子曾經讓學生各自說出自己的理想，曾點說了他的理想生活：「暮春的時候，穿著春天的服裝，約上五六個成年人，六七個孩童，一造成沂水邊去洗澡，到舞雩臺去吹風，再唱著歌走回家。」孔子嘆著說：「我贊成曾點的想法啊！」孔子「致君堯舜上，再使風俗淳」的精神動力，由此可見一斑。

明倫堂是龍川學宮的講堂。體現了中國古代學宮明倫堂居中的基本建築格局。在這裡，古時有眾多的青少年認真地跟著老師學習「六藝」。

明倫堂再往裡，便是尊經閣，裡面藏的都是經史子集等各類儒家經典。這是古代學子們用於學習的教材和參考資料。

龍川學宮整個建築宏偉莊嚴，站在大成殿門前，仰望蒼穹，鴻飛冥冥。不僅使人深切感受到儒家「為天地立心、為生民立命、為往聖繼絕學、為萬世開太平」的濟世壯懷。

在龍川學宮的西門，建有一座考棚。龍川考棚是為數甚少的科舉考試場所，這為研究明清科舉考試提供了寶貴的實物資料。自龍川創建考棚後，當時和平、連平、紫金、興寧、五華等縣的不少童生都到此赴考。

自唐以來，龍川地區人文蔚起，科第蟬聯。據統計，自唐至清，計有進士二十八人，舉人一百一十二人，貢生一百六十四人，秀才兩千多人。

考棚裡幾根並不粗大的木柱支撐著高高的瓦面，考棚每一個窗口都對應有一個高兩米、寬一米、深一點三米的號房單間。這是考生日間考試、夜間住宿的地方。清末廢除科舉後，這裡做了學堂。

閱讀連結

胡宗憲是一位在龍川佗城學宮名流千古的人物，西元一五三八年中進士之後，官至兵部尚書。胡宗憲從四十四歲到五十歲短短的六年間，以他的雄才大略，至西元一五六二年，取得了抗倭鬥爭前所未有的勝利，浙江的倭患基本平息，開始剿滅福建的倭寇，他為大明社稷立下了赫赫的戰功。戚繼光是胡宗憲一手培養的抗倭名將，歷史學家稱「沒有胡宗憲，就沒有戚家軍」。沈明臣、文徵明、徐文長等一大批著名畫家、文學家投奔到他的麾下，成了他的幕僚、智囊團。

胡宗憲身上集中了諸多古代儒將的優點，他善於用人，精通謀略，衝鋒陷陣，冒死報國，功績在主持抗倭的諸位大員中當推第一，為中國人民反對外來勢力侵擾做出了傑出貢獻，作用頗大。

▌宋代創建的肇慶高要學宮

那是在廣東省的中部，有一個名為高要的地方，是西江中下游的政治經濟文化交流的樞紐。這裡有著悠久的歷史和燦爛的文化，人文薈萃，英賢輩出。

官學盛況：國子監與學宮的教育

天下書聲 歷代學宮

　　早在唐代，高要就出現了一代禪宗大師陳希遷，在六祖慧能門下出家。在其後的禪宗五家，曹洞、雲門、法眼三家的傳承都淵源於陳希遷。

　　到北宋時期，宋徽宗愛好筆墨、丹青、騎馬、射箭、蹴鞠，對奇花異石、飛禽走獸有著濃厚的興趣，尤其在書法繪畫方面，更是表現出非凡的天賦。上行而下效，在宋徽宗的影響下，整個天下都散發著濃濃的文化氛圍。

　　在高要，為了迎合當時的書畫氛圍，培養國家棟樑，出資興建了高要學宮，後經多次重修，規模日臻完備。

　　高要學宮四周築以石欄，大門左側有一棵三百多年的古榕巨樹，蒼翠蔥蘢，遮天蔽日。再進裡面有樹牌坊四個，分別為「崧山起鳳」、「端水蛟龍」、「崇儒」、「貞教」，中間為青雲路，路盡處兩旁有賢關、聖域兩坊，連接入學宮通道。

　　高要學宮佔地面積四百八十八平方米。學宮的頭門稱文明門，二門上榜書「黌宮」。三孔橋下是泮池，透過大成門。門內為丹墀，丹墀北面是大成殿。殿前東西兩側為廡廊。殿後有尊經閣、明倫堂、名宦祠、鄉賢祠、敬一亭等。

　　大成殿五開間二十三點五米，高十二點三米，木結構建築。全殿豎三十六根大楠木柱，柱礎為石質花籃形。柱頂為斗栱二十四組，下檐斗栱三十二組。下檐正立面除柱頭置斗栱外，正間置鋪作斗栱兩組，次間置鋪作斗栱一組。

　　殿宇高大莊嚴，雕樑畫棟，結構嚴謹，是一座富麗堂皇的古建築，保留了明代的建築風格，是民族藝術的瑰寶，所

以歷代都得到政府部門的重視，社會名流，達官貴人、各界人士及富家子弟也紛紛自願捐資修繕。

明代御碑豎立於高要學宮大成殿的西側走廊。這是六塊十分珍貴的明代石碑，這組石碑絕大多數是明代嘉靖皇帝朱厚熜親筆御書。

其中一塊較為高大的是暈首豎碑，篆書題額有「御製」兩字。「御製」是指碑文是由皇帝所寫的意思。

「御製」大碑寬一點一六米，高一點九八米。碑文為明嘉靖皇帝所作的「敬一箴」及序，箴即箴言，是一種字數相同，講究工整押韻，內容以規勸告誡為主的文體。

此箴言由四字一對組合為八字一句所構成，共三十六句兩百八十八字。言簡意賅，琅琅易誦。嘉靖皇帝在序中寫道：

朕因讀書而有得焉，乃述所以自勖雲。

落款為「嘉靖五年六月二十一日欽文之璽」，也就是西元一五二六年，在《明史》有相關的記載。

另外還有五塊篆額「宸翰」的碑文，則是嘉靖皇帝抄錄。「宸」是指帝皇居所，「翰」則指文章。這些碑是「程子視箴」、「程子聽箴」、「程子言箴」、「程子動箴」和「宋儒范氏心箴」碑，並在其後所作的註解，通俗地講就是讀過五條箴言後所寫的心得體會的文章。

「程子」碑是「欽奉敕旨」，榜文臥碑，碑文縱列正楷字體，約一千五百字，敘述條文十二例，是明代憲宗皇帝朱見深於西元一四七九年頒發全國各學府的條例。

官學盛況：國子監與學宮的教育

天下書聲 歷代學宮

　　程子，字程頤，字正叔，是中國北宋時期的哲學家、教育家。世稱伊川先生，洛陽人。官至崇正殿說書，講學達三十餘年，其學以究理為主，並主張「涵養須用敬，進學在致知」的修養方法，目的在「去人欲，存天理」為名教綱常辯護。其學說後來為朱熹所繼承和發展，也稱程朱學派。

　　「宋儒范氏心箴」碑中的宋儒范氏，即范浚，字茂名、一作茂明。宋代蘭溪人。紹興年間因秦檜當政，范便辭官不赴任，而閉門講學，篤志研究，著有《香溪集》，學者稱他為香溪先生。

　　這些碑刻既增添了高要學宮的文物遺存，可供人欣賞，又為明代嘉靖皇一朝注重道德規範教育提供了實物見證，對研究肇慶、高要等地的石刻、書法技藝都有著珍貴的歷史、藝術價值。

　　大成殿最後一次修葺是清代道光年間，後來，人們把這座廣東僅存的明代府級學宮的大成殿進行加固維修，許多建築方面的大家特意前來指導。

　　在這次修葺中，高要學宮重新立起了孔子塑像，增設了大型展櫃，使大殿的面貌煥然一新。

　　大成殿，富麗堂皇，殿內大型展櫃的櫃內陳列了三百多件文物，琳瑯滿目，給後人以啟迪。尤其是大成殿中重新立了中國古代大思想家、教育家孔子的塑像，供人瞻仰，大殿西面的走廊保存著明代碑廊豎立著十分珍貴的明代御碑。

高要學宮整座建築布局，保留了明代中國南方的建築風格，是中國民族藝術的瑰寶，具有很好而又深遠的歷史研究價值。

閱讀連結

據《明史》記載，明嘉靖皇帝朱厚熜執政早期整頓朝綱，被稱為「中興時期」。在執政時期，嘉靖皇帝為了教化天下，穩固政權，總是以身作則，激勵天下士子學人，嚴於律己，遵循儒學。

為了以維護「三綱五常」倫理道德的理學思想來影響社會風氣，嘉靖皇帝特將自己所作的「敬一箴」和所註解的「視、聽、言、動、心」五箴言以統一格式頒行天下，立石於全國各地的學宮裡。從高要學宮中發現的明代碑刻，正是這一歷史事實的最好見證。

▍明代創建的河南汝州學宮

明王朝建立之初，明太祖朱元璋對元行省作了很大的改革，改省為「承宣布政司」，只管民政，省下設郡、縣。當時的汝州仍為南陽府管轄，改革後將梁縣省入汝州，領郟縣、魯山兩縣。

汝州地處中原，歷史悠久，人才薈萃，早在神話傳說中的「三皇五帝」時期，汝河流域是華夏文明的中心地帶。

官學盛況：國子監與學宮的教育

天下書聲 歷代學宮

　　自漢代以來，歷朝歷代都推行「獨尊儒術」的文化政策，唐代以來官府開始在各地建造學宮，遍及普天之下的各個地方。

　　到明代洪武年間的西元一三七〇年，汝州建立起了一座學宮，取名為汝州學宮，是當時汝州及周邊地區學子們上課的地方，也是培育人才的重要場所。

　　汝州學宮又稱黌學，是古時童生、秀才們學習、聚會的地方，位於汝州市區望嵩中路東側，面向中大街，北抵火神廟街，與文廟相互連通成為一片密不可分的建築群。學宮、文廟建築群是汝州地區規模最大的古建築群。

　　據明代《正德汝州志》記載：汝州學宮學基在元代忠襄王祠堂，明洪武年間的西元一三七〇年改建為學宮，後於明永樂年間的西元一四一六年重修。明崇禎之後兩次被毀，「殿廡滲漏⋯⋯牆壁多頹」。清代又再次重修。

　　汝州學宮南北長三百二十五米，主體部東西寬五十餘米，加上其他佔地，總面積兩萬八百七十平方米。其大門叫「永和門」，取其和平、和睦、和氣的寓意，也是孔子一生歷盡艱辛、周遊列國所追求的目的。

　　汝州學宮東西各附一跨院，其特點為：建築排列有序，中軸線明顯。主要有文明坊、大成殿、啟聖宮，此外，還有明倫堂、大成坊、名宦祠、鄉賢祠等大小殿堂一百一十六間。

　　文明坊面闊三間，進深六點三米，為過廊懸山式建築，是古代學子在汝州學宮上課的教室。

大成殿是汝州學宮中最大也是最重要的建築，供奉儒家學說的創始人孔子。「大成」的稱呼出自《孟子》，意思是孔子整理三代至周公的學問並刪詩書、訂禮樂、贊周易、修春秋，是集大成的學者。

　　大成殿為單檐殿式，面闊五間，進深兩間，進深八米，開間面寬四點三八米，東西次間面寬三點三五米，東西梢間面寬三點一米，綠瓦獸吻，飛檐斗栱，氣勢雄偉，莊嚴肅穆，頗具權力象徵。

　　大成殿的建築風格為單檐廡殿頂，面闊五間，進深十米，單檐廡殿頂僅次於故宮太和殿，清代雍正年間，皇帝特批孔廟可以使用全部黃色琉璃瓦，用綠色琉璃瓦「剪邊」，反映了孔子高貴的級別和地位。

　　這座高臺叫做祭臺或拜臺，是祭祀和歌舞的場地，清代時要按照皇帝欽定頒行祭孔祀典，表演樂舞頌揚孔子業績，臺基的高度在古代有嚴格規定，天子九尺，諸侯七尺，大夫五尺，士三尺，一尺約二十釐米，這個臺階接近於古代諸侯七尺。

　　屋脊上排列的動物稱為「走獸」或者「走投無路」，是從固定檐角瓦片的瓦釘演化而來，後來對釘帽美化過程中形成各種動物形象，用作裝飾建築和標示等級，數目越多級別越高，最多為十個，大成殿上面安了六個。

　　屋頂和牆之間的木結構叫做斗栱，是中國古代建築獨特的構建，方形為斗，弓形為拱，用來支撐和裝飾建築，級別越高層數越高，製作越複雜。

石獅是作為藝術裝飾的守衛之神，又可以顯示主人身分的高貴，一般門東邊獅子腳踩繡球，為雄獅，俗稱「獅子滾繡球」，門西邊獅子腳下撫一隻幼獅，寓意子孫昌盛，俗稱「太獅少獅」。

獅子頭部鬃毛的數目象徵封面官府等級，一品官門前獅子有十三個，稱為十三太保，七品官以下不準安放石獅，而孔子地位比一品官還高，獅子底座正面雕刻瓶、盤和三支戟，象徵平升三級，右面雕刻牡丹和松柏象徵富貴長春，左右雕刻文房四寶象徵文采風流，背面雕刻太極八卦圖，象徵鎮妖驅邪。

殿門門口的對聯也是雍正皇帝撰題的，寫於西元一七二九年。對聯寫道：

德冠生民溯地辟天開咸尊首出道隆群聖統金聲玉振共仰大成

上聯的意思是，孔子的思想和道德自開天闢地有人類以來，一直被尊為第一；下聯的金聲玉振指奏樂的過程，比喻孔子善於把單個音符按照音律組成美妙的樂章，意思是孔子能夠將古代聖賢的美德集於一身，自成體系，形成完備的學術思想。

殿門上匾額上的「生民未有」四個大字，也是清雍正皇帝親頒御書，意思是千古年來，從未有過像孔子這麼至高無上的聖賢之士。

大成殿內正中供奉孔子塑像，頭戴十二旒冠冕，身著有十二章紋樣的王服，手持玉圭，是孔子被人們神化的形象。

孔子作為春秋時期的政治家、思想家、教育家，終其一生，開創儒家學說仁學思想體系，不僅鞏固了封建社會統治基礎，也為中華民族留下寶貴的精神財富和重要的文化遺產。

塑像上首懸掛著清康熙帝親筆御題的「萬世師表」牌匾。康熙皇帝曾於西元一六八四年到曲阜祭禮，特書「萬世師表」匾額，意思是孔子永遠是世人的老師，千秋萬世都是人們學習的楷模。並命令全國各地的文廟將題詞刻成牌匾懸掛在大成殿。汝州學宮的「萬世師表」是康熙皇帝頒給孔廟的首方。

孔子塑像左右兩側供奉的是「四配」，分別是「復聖」顏回，「宗聖」曾參，「述聖」孔伋，「亞聖」孟軻。他們都是發展儒家學說的有成就的學者。

大成殿內部屋頂有根圓木叫做大梁或者橫樑，是中國傳統木結構建築中骨架的主件之一，承載整個建築物的荷載，牆壁只起圍護分隔的作用，因此中國古建築可以牆倒而屋不塌。

大成殿天花板平頂凹進去的部分繪有二龍戲珠，稱為藻井，含有中國風水學中以水克火的寓意，用來預防火災，正中刻有「清嘉慶十六年重建」字樣，說明這座大殿最後一次重修的時間是在西元一八一一年。

啟聖宮是孔廟供奉孔子父親的地方，為單檐硬山式建築。後來，人們又對汝州學宮進行了整修，重修了明倫堂、鄉賢祠等，基本上都為明清時期的建築。其整個建築群布局合理，保存基本完整。

閱讀連結

　　張維新是明代汝州學宮出的一位進士，從西元一五七七年中進士後被任命為山東冠縣縣令，因政績突出升為給事中，在宮中的兵、禮兩科先後任職，負責侍從、規諫及稽查六部百司等事。

　　張維新不阿權貴，敢於對社會弊端條陳上疏，對皇帝直述己見。曾大膽揭發考場中的舞弊現象，又諫議停止宮內太監們無謂的「內操」，對廓清考場、嚴飭宮禁起了一定作用。他還薦用正直無私的鄒元標、孟一脈等人為提意見的「言官」，使一些宵小咋舌，佞人斂足，促進了朝政的改革。

遍地儒學 廣東學宮

　　廣東在歷史上的發展曾落後於中原，但明代中後期便加快了發展步伐，到清代已整體躋身於先進地區行列。廣東能夠迎頭趕上，最關鍵的原因在於，這一時期的管理者重視教育，培養出了大批棟樑之才，他們為廣東的發展做出了重大貢獻。

　　在廣東教育史上，學宮的創辦和發展，加快了廣東地區整體發展的步伐。像揭陽學宮、德慶學宮、番禺學宮、長樂學宮、羅定學宮等，都是廣東古代重要教育機構。這些學宮歷史悠久，保存完整，人文氣息濃厚。

▌濃縮儒家精髓的揭陽學宮

南宋宋高宗趙構統治時期的西元一一四〇年將揭陽設置為縣，為了教化民眾，不久又下令建造了揭陽學宮。

揭陽位於今廣東東南部，這裡有廣闊肥沃的榕江沖積平原和濱海沉積平原，是潮汕文化的發祥地。榕江風光旖旎，水運便利，早在唐代的時候，揭陽已經成為了連接各港口和附近邦國的著名通商口岸。

宋高宗在揭陽建造學宮，不僅出於教化民眾的政治考慮，其實也和他本人的文化修養有關。宋高宗精於書法，善真行草書，筆法灑脫婉麗，自然流暢，頗得晉人的神韻。明代陶宗儀在《書史會要》中稱：

高宗善真行草書，天縱其能，無不造妙。

宋高宗的書法影響了南宋的書壇，也為揭陽學宮的教學注入了弘揚傳統的活力。

當時的揭陽學宮，為南宋政府培養了大批人才，據《揭陽縣正續志》記載，從西元一一四〇年到一二四七年，揭陽學宮培養出的進士有翁興權、林大受、鄭國翰、陳式、林紹堅、王中行、陳應侑、葉少顏、孫少勉、彭拱宸等。可見當時揭陽學宮的教育實力，以及它所體現出的儒家文化精髓。

揭陽學宮從宋至清，經過規模不同的三十五次修繕、調整和擴建。清代經過修繕和改建擴建以後，形成了後世的中軸線為孔廟、東西為縣學及配套設施的三路建築格局。總面積為兩萬零二十平方米，僅次於山東曲阜孔廟。

揭陽學宮最後一次大規模重修和擴建是在清光緒年間的西元一八七六年，由當時的知縣夏獻銘主持，歷時五年，耗資白銀近兩萬兩。這次重修奠定了揭陽學宮的格局，建築手法是在原有宋代和明代建築基礎上繼承和發展，形成了廟、學相結合的建築風格。

　　揭陽學宮的整體建築設計手法，主要是透過建築群體所形成的環境來達到表現孔子豐功偉績和儒學高深博大的目的。

　　揭陽學宮採用中軸線布局，高臺基殿堂式結構。主要建築物有照壁、欞星門、泮橋、泮池、大成門、東西廡、大成殿、崇聖祠等。主體建築均為高臺基、大圓柱、紅瓦綠檐，造型富麗堂皇，莊嚴肅穆，是廣東同類建築物中規模較大、保存完好的一座，具有較高的科學研究價值和藝術水平。

　　據說揭陽學宮最初建成的時候，最前列的建築物是南端位於韓祠路頭的「騰蛟」和「起鳳」二亭，可惜的是，這兩個亭子後來由於一些原因被拆毀了。

　　照壁位於兩亭中間，是後世留存下來的學宮的最前列建築，照壁嵌有一方花崗石刻橫匾，上有被揭陽人列為五賢之一的明代兵備道楚人楊芷所書「太和元氣」四個大字。

　　照壁分為三間，中間為明間，正面鑲嵌瓷雕「鯉躍禹門圖」。鯉躍禹門也叫鯉躍龍門，是大禹在治水期間引發許多鯉魚被沖出大禹門，只要這些鯉魚們可以越過龍門便可以化龍飛昇。後來在科舉時代，參加會試獲得進士功名的，也被稱作「登龍門」。

官學盛況：國子監與學宮的教育

遍地儒學 廣東學宮

　　鯉魚跳龍門，既是這個優美傳說的形象表述，更寄託著祈盼飛躍高升、一朝交運的美好願望。尤其是那些指望子弟靠讀書應試博取功名前程的人家，都把它當作幸運來臨的象徵，所以學宮照壁上的「鯉躍禹門圖」足以折射出這裡的學術氛圍。

　　在鯉躍禹門圖兩邊次間的圖案，左右各雕鹿鶴相望，鹿開口而鶴含籌，十分精美。

　　學宮的欞星門是純石結構，被五根石柱間隔為五個門，柱頂端為寶頂，兩側皆為雲枋龍首。進入欞星門，即為泮池。泮池兩側各門以通左右建築，右為「金聲門」，左為「玉振門」。

　　過泮池拾級而上，即為大成門。屋脊正中置一藍色寶瓶，左右各塑一鰲魚吻脊。「寶瓶」與「保平」諧音，取的「保境平安」之意。

　　大成門兩側各有一廂房，東為「名宦祠」，祭祀歷代來揭陽當官而政績顯赫的人物。西為「鄉賢祠」，祭祀歷代揭陽籍有名聲的官員，面闊各三間。其次左右又有庫房各一間，形成倒座。

　　從大成門跨過一個天井就是學宮的核心建築，即大成殿。作為孔子神像所在地，大成殿不僅是揭陽學宮的核心，也是庭院的主體，體量高大，造型華美。

　　大成殿臺基高達一點四米，殿身面闊五開間，總面闊二十一點九三米，四進深，總深二十一點三五米，平面近正

方形。四周築以迴廊，殿前設寬十五點二米、深七點一四米的露臺。

露臺是古代舉行祭孔樂舞的地方，也是孔廟必不可少的配套建築之一，露臺正前方設御道石。御道石不設踏跺，以示對孔子聖像的尊重，人們只能從遠處瞻仰。

大成殿殿身以樑柱為骨架，樑架結構為穿斗式。整座大成殿共用花崗岩石柱三十六根，中間金柱為圓形峻柱，其他部位為方柱。

大成殿屋頂為歇山二重檐，全部蓋以琉璃瓦筒和土紅瓦板，綠琉璃剪邊。殿內的四根大石柱上，盤踞著四條木雕巨龍，栩栩如生。

大成殿前天井兩側分別是東西廡，原為供祀歷代繼承發掘孔子儒家學說而較有成就的歷代先儒的牌位。

大成殿周圍的門、廡、殿、閣設計非常的講究，其高低、大小、簡繁、華樸、陰暗都表現有主次和秩序，都在竭力突出大成殿的高大地位。

大成殿還懸掛有歷代皇帝御頒的匾額，如：「萬世師表」、「生民未有」、「聖集大成」、「與天地共參」等。正殿塑大成至聖先師孔子像，左設復聖顏子、宗聖曾子，右設述聖子思子、亞聖孟子，聖殿前左右列十二尊先哲。

整座孔廟布局對稱、規則、方正、直線，從而形成一種極為莊嚴肅穆的布局形制。各座單體建築之間，局部和整體之間，既有變化，又相協調。各部分又互相襯托，漸變多餘

突變。聯繫多於對立，這種布局手法，正是孔子儒家學說所提倡的中庸、和諧、溫和理念在建築布局上的體現。

揭陽學宮普通使用的木雕、石雕、貝雕和嵌瓷等裝飾工藝，既精湛又富有地方特色，歷來深得行家的稱讚。

揭陽詩人東籬香有詞一闋，為《調寄〈江城子〉》，詞中專贊揭陽學宮。這首詞寫道：

崇階玉殿煥輝煌，轉廡廊，仰祠堂，瑞靄氤氳，飛鳳逐翔凰；錦鯉文鰲爭活躍，雲化彩，日昇光。

海濱鄒魯稱名邦，水共山，氣泱泱，人杰地靈，華國有文章。幾度滄桑都過盡，添綠樹，護紅牆。

揭陽學宮作為儒學的教育場所和朝廷的教育機構，按照典制必須配定師職和學額，但府、縣誌中對宋元時期這方面的記載不詳，到明清時期才有較詳細的記載。明代學宮縣學配設有教授、教諭、訓導各一人。清代只配設教諭、訓導各一人。

在揭陽學宮任教職的人員多為貢士，只有少數為監生、舉人、進士、儒師。至於學額，據清乾隆《潮州府志·學校》記載，揭陽縣學歲試原額入學文童十五名，武童十五名，科試文童入學十五名，清雍正時廣額二十名。清乾隆時建豐順縣乃割揭陽學額兩名入豐順，額定十八人。而在清光緒《揭陽縣續志》中提到清咸豐時廣額一名，共十九名，是當時潮汕各縣中最多的。

揭陽學宮推崇「忠君尊孔」，課生員以經史律誥禮儀，朔望習射，日習名人法帖五百字，習九章法。明代以後，學

宮僅辦春秋祭祀習禮及生員晉拔事宜，講習考課諸事悉歸書院。縣學生員每三年考兩次，第一次稱歲考，第二次稱科考。

歲考和科考都分為六等，歲考成績優秀者可以晉升為廩生、增生，科考成績優異者列為「科舉生員」送省參加鄉試。另外，縣學每兩年取一名歲貢生，每十二年取一名拔貢生。

學宮是培養人才的場所，科舉是選拔人才的途徑，科舉的鼎盛證明學校教育的成功。揭陽學宮作為當時社會揭陽的唯一官學，學宮肩負著培育科舉人才的重任。自宋代揭陽開闢學宮為縣學以來，揭陽科舉人才不斷增多。

據不完全統計，宋代揭陽中進士十四人，元代兩人，明代三十二人，清代文進士十人，武進士十四人，明清兩代揭陽中舉人近三百人，可以說是代代有人才。

揭陽學宮不僅濃縮了千年儒家文化精髓，而且是廣東同類建築規模最大、保存最完好的，人們稱之為「粵東古建築的一顆明珠」。

閱讀連結

每年八月下旬，揭陽學宮都會舉辦「開筆禮」活動，這是中華傳統文化中對少兒進行開始識字習禮的一種啟蒙教育形式，對每個讀書人來講都有重大意義。參加活動的孩子們正衣冠、硃砂開智、拜謁聖像、誦讀《弟子規》、擊鼓明智、啟蒙描紅、接受孝德教育。這些都突出了尊孔祭孔、傳承尊師重教的傳統美德。

每年春、秋、冬三季舉行的傳統祭孔活動，是學宮的標誌性活動，也成為集體緬懷先聖、繼承優良傳統、弘揚中華美德的方式。

木構建築瑰寶的德慶學宮

相傳在很久以前，有一次皇上出巡來到廣東西部一個叫做康州的地方，當地的知縣為了討好皇上，就叫全縣種橘子最好的德哥和慶妹拿橘子過來。皇上和皇后吃得好開心，於是就說：「朕三個月後來到，一定要吃到與眾不同的橘子。」

就在皇上次宮的那天，德哥、慶妹他們結婚了。洞房那晚，他們滿腦想著皇上說的話，翻來覆去睡不著。德哥突然想到：你嫁我娶，可不可以把橙接到橘子上呢？經過很多次的實驗，他們終於成功啦！

三個月後，皇上果然帶著皇后來到了康州，這時德哥和慶妹一起把貢金拿上給皇上和皇后吃。皇上品嚐之後說：「好，這橘子果然與眾不同，它叫什麼名字啊？」德哥和慶妹慌忙說還沒有來得及取名字，請皇上賜名。

聽了德哥和慶妹的話，皇后說：「既然沒有名字，就叫做皇帝貢金吧！」

「好！就叫皇帝貢金！」皇上高興地說。

皇帝為了獎勵德哥和慶妹，就說：「以後，康州就改名叫做德慶。」於是，康州就改名成了德慶。

這個故事只是人們口口相傳的。其實在宋代，這個地方還是被稱為康州。

西元一〇一一年，宋真宗趙恆下令在康州置孔子廟，建於子城東五里的紫極宮故址。西元一〇四三年，時任知州事的李仲求看到孔子廟被風雨侵蝕，已不成樣子，就集資重修了孔子廟。

到了南宋西元一一三一年的十一月，宋高宗將康州詔升為府，名德慶府，孔子廟因而改稱為德慶府孔子廟。西元一一九六年，知府事趙師瑟置書籍學田，形成了德慶學宮。之後在淳佑年間，知府事陳宿和馮光遞曾多次增置書籍學田，學宮的規模進一步擴大。

元代大德年間的西元一二九七年，教授林舜咨重建大成殿、兩廡、殿後建尊經閣，下為議道堂。

明代洪武年間，明太祖朱元璋詔令改為州學，修殿前廡，建重門及雲章閣、塑宣聖、四配、十哲像。西元一四四一年，知州周冕復塑兩廡先賢像，明代弘治時期的知州工淮重建尊經閣，列號舍於學東。明嘉靖時期，知州吳汝新重建殿前廡，改砌泮池。

此後，歷代在這裡任職的知州和地方鄉紳都多次對德陽學宮進行修葺和擴建，形成現在的規模。

德慶學宮形制甚備，形成的格局分東、中、西三路，其建築規模極為宏偉。德慶學宮原有建築群佔地三千九百多平方米，坐北向南，由石欄、欞星門、泮池、大成門、杏壇、

遍地儒學 廣東學宮

東西廡、大成殿、名宦鄉賢祠、崇聖殿、尊經閣和尊聖義祠等組成，是一組莊嚴、雄偉的古代建築群。

崇聖殿是學宮敬奉孔子及先賢的場所，據清代光緒年間頒行的《德慶州志》中的《典禮篇》記載，先師以歲春秋仲月上丁行釋奠禮。主祭、視割牲、省齋、盛、糾儀、司祝、司香、司帛、司爵、司饌、司贊、通贊、引班，所用人等與祭社稷壇同，在城文武與祭亦同。祭祀活動的所有典禮儀式，均遵照朝廷部頒的禮儀標準舉行。

大成殿是德慶學宮的主體建築，大成殿的設計者獨闢蹊徑，打破了傳統廳堂那種「八柱撐空」的木樑架結構，轉而採用「四柱不頂」的獨特形式以滿足建築物防災的要求，與廣西容縣「四柱不地」的真武閣，一東一西，一文一武，一天一地，遙遙相對，被稱之為中國南方古代木構建築的「一對明珠」。

所謂「四柱不頂」就是在殿樑架不砌上露明藻，左右次間各減了兩根內檐柱，明間正中只豎四根不到頂的圓林金柱，柱頂上橫架座鬥枋，安放四朵類似鎏金的斗栱，以承托壓槽枋和井口天花板，天花板上再立圓柱以支撐正梁，在山牆上和前後檐柱的柱頭上，承托著下檐的重疊起來的斗栱。

殿身的梁架則用大鹿結構法，這是古代建築師為使廳堂免受雷擊，採用消除被稱為「跨步電壓」危險的一種獨特設計，那四根上不到頂的圓木柱，稱作「雷公柱」。從外觀藝術看，大成殿氣勢宏偉，殿面寬闊。加上用高臺基、高柱礎，

前檐用花崗石柱，左、右、後三面圍以高牆，使全殿採光良好，光線均勻，又可防洪、防蛀。

大成殿在防洪上採取了有效的建築技術，加高了殿堂臺基，設置了高三十五釐米的花崗石門檻，前檐用花崗石柱，左、右、後三面圍以高牆，採用了花崗石高柱礎，尤其是正中四根金柱，石礎高達八十二釐米。

大成殿面闊五間十七點三六米，進深五間十七點五三米，建築面積三百〇四平方米。平面幾乎是正方形，為宋元古制。殿中減柱四根，只餘正中四根木質大金柱。殿前為闊三點二二米、深八點七米的月臺，圍以磚砌欄杆，月臺前正中及左右各設踏道，月臺前設一磚石砌拜壇，闊六點一五米、深四點七三米。

大成殿高十九點四米，重檐歇山灰瓦頂，坡度平緩，斗栱疏朗，山面有山花板，各施懸魚一條。大成殿鬥種類複雜，計有十一種之多。

下檐斗栱梁架保持了宋代風格，柱頭和補間鋪作均為七鋪作單抄三下昂，兩根直昂昂尾均長二椽，甚為罕見，其出跳總長居全國唐宋同類鬥的首位。上檐前後檐鬥，是元代遺構，其採用象鼻子昂的形制，為較早形態，其後流行於清代。

大成殿殿身梁架採用大了栿結構法，省去四根重檐金柱和兩根八椽，使殿內空間完整開闊，為華南建築孤例。

大成殿的裝修裝飾有濃厚的嶺南地方特色，殿門上部扇用宮式萬字花紋，殿內重檐後金柱間的由額和順身串間置一花罩，花紋別緻。大成殿上檐正脊中央為蓮花寶杯及光環，

下墊以夔紋飾塊，正脊兩端為夔脊飾，靠內側兩邊各置一魚龍。

餞脊為游龍卷草，龍身繞脊出沒，形體生動。下檐角脊上端為魚龍吻，下端為卷草，稍靠上為一虎。正脊和垂脊兩邊滿繪有「三獅會燕」、「金玉滿堂」以及松鶴等彩畫。灰瓦頂屋上檐邊用紅色陶質勾頭滴水鑲邊，下檐用藍綠色琉璃勾頭滴水鑲邊。

大成殿外，正面通花門，重檐歇山牆，屋頂坡度緩，上有雕飾物，正中紅日起，兩邊鯉翹首。兩對雕龍各據一方，昂首天外。這些藝術造型，反映了興建成孔廟的宗旨，那就是：

聖人之道，如日中天。鯉躍龍門，聿開文運。

除此之外，德慶學宮的宮殿式三路建築群氣勢雄偉，又以大成殿最為雄壯，為重檐灰瓦歇山頂，平面呈正方形，面寬進深各五開間。殿前的大成門及左右兩邊的東西廡，繞成正方形宮殿院落，使大成殿顯得恢弘而莊嚴，雄偉而輝煌。德慶學宮還積澱著深厚的孔文化，經歷千年，愈來愈濃厚。

德慶學宮大成殿，無論外部造型還是內部結構，都有很高的建築藝術，是古代典型的嶺南建築，是不可多得的建築佳品，因此受到中國古建築學家的高度評價，認為這座大成殿是中國科學文化的結晶，在當時處於建築的領先地位。有的古建築學稱之為「凝固的歷史，無聲的音樂」，還有人將之稱為「古建瑰寶」。

在德慶學宮的附近，有一個龍母祖廟，是供奉龍母娘娘的廟宇。龍母姓溫、秦時人。自小能預知禍福，且樂善好助，人稱神女。傳說一天，溫氏在西江邊濯洗時偶拾到一大卵，孵出五只小動物，能為溫氏捕魚。長大後五物竟變成頭角崢嶸、身皆鱗甲的五條真龍。溫氏讓他們施雲播雨，保境安民。人們便稱溫氏為龍母。

後來，龍母仙逝，五龍悲痛欲絕，化作五秀才，將龍母葬於北岸的珠山下。後人感於五龍的孝心，就此建廟，名曰「孝通廟」，後改為「龍母祖廟」。

▌歷代人才輩出的番禺學宮

那是在中國南宋時期的西元一二四一年，朝廷為了獲得更多的人才，將一些透過童試的童生集中錄取後入更高一級的學校讀書，以備參加更高水平的考試，這樣就促成了縣學的產生。當時的南宋皇帝宋理宗趙昀為了應對這種情況，下令建造縣學，番禺縣隨之興建起了番禺縣學。

明代洪武年間的西元一三七〇年，番禺知縣吳忠、訓導李昕在被毀番禺縣學遺址的基礎上建起了一座學宮。後世歷代多有重建和修葺，在清代乾隆年間重修之後形成後世的規模。

番禺學宮闊三進，深五進，規模宏大，大門是花崗岩石雕琢的欞星門，正面有大成殿、崇聖殿、尊經閣。左側有鋪、土地寺、科癢、儒學署、明倫堂、光霽堂、八桂儒林、園、廊、

名宦寺。右側有鋪、節孝寺、訓導署、忠義孝弟寺、射圃、鄉賢寺、廊等。

戟門後有池畔一口，中建石橋，再進內是大成門，兩旁是更衣所及東廡西廡。各種殿堂組成紅牆黃琉璃瓦的建築群，但是可惜的是，左右兩路除左側尚存明倫堂、光霽堂外大部分建築已毀。

中路建築尚存櫺星門、泮池拱橋、大成門、大成殿、崇聖殿，以及東西廊廡，東齋東牆上鑲嵌有《番禺府縣新生印金章程碑記》等六塊碑刻，剩餘佔地面積五千四百二十五平方米，主體建築大成殿規模較大，面闊五間二十四點七二米，進深十四點二二米，高十二點六二米，為木質結構。

番禺學宮流傳到後世，被保存完好的建築，包括中路的櫺星門、泮池拱橋、大成門、大成殿、崇聖殿以及右側的明倫堂。一進門，先看到的就是合為一個半圓形的兩方泮池，一架石拱橋從中間穿過。睡蓮開出小朵的花，魚兒在淺淺的泮池水中流連。

據《禮記》記載，西周天子謂學宮為「辟雍」，諸侯建的學宮謂之「泮宮」，泮即半，意為半於天子之宮。後人仿此制，建學校必設一個泮池。生員入學時都要繞泮池走一圈，因此也叫「入泮」。

經過入泮儀式後，新生正式入學。剛入學的新生稱附學生員，經過學習和考課，成績優等的可逐為增廣生員、廩膳生員。各縣學程式一樣，但規模不同，生員名額不等。根據

各學人文多寡，分大、中、小學取進生員。番禺學宮為大學，取生員四十名。

走過拱橋，迎面而來的就是古雅莊麗的大成門，上書「番禺學宮」四個大字。四方端嚴的建築、漂亮的瓦楞和飛檐，顯得大氣磅礴。

過了大成門，進入一個幽靜的院落當中。正面是祭祀孔子的主殿大成殿，東西兩側的廂房叫做「兩廡」，當年是祭奠孔子的弟子和歷代名儒用的。大成殿是學員上課的場所，兩廡則作為學員的宿舍使用。

大成殿內早先供奉有孔子像以及孔子的牌位神龕，後來大殿被闢為展室，展覽當年課堂的內容。繞過大成殿向後走，則是崇聖殿。

崇聖殿是供奉孔子先世五代的地方，從清雍正元年開始，追封孔子先世五代合祀崇聖殿，各省府縣不再另立祠。

崇聖殿前的院子裡長了幾棵古老的參天大樹，一棵一百七十五年樹齡的木棉，一棵一百五十五年的龍眼，都枝幹虬勁、葉茂根深。想到這些樹木曾經目睹了多少人世的變亂，目睹一批又一批不同面目的人來來往往，秀才、軍人、學生、傷兵等，不由令人感嘆。

從番禺學宮的佈置不難看出，學宮是以祭孔為主的。孔廟的設計佔據了學宮最中心的部分，而教學卻是在一側的明倫堂。過了泮橋右拐，再過小門就是明倫堂。明倫堂是當年生員上課的地方，堂前立著「文武官員至此下馬」的石碑。

官學盛況：國子監與學宮的教育

遍地儒學 廣東學宮

　　當年新入學的生員拜祭完孔子，都要到明倫堂來拜見老師，以後就在此上課。後來，人們在明倫堂的堂上重立了孔子像，像前放著祭器、禮器，兩側還有編鐘。堂前的院落狹長，鋪著石板，兩側還有長廊。

　　明倫堂的背後就是光霽堂，是當年生員讀經「明倫」的地方。「明倫」就是教人明白倫理道德。只有順利透過縣試、府試、院試三道考試而取得生員資格的人才可以進讀學宮。新生入學必填寫親供，註明新生年齡、籍貫，三代履歷，寫明自己身材、臉的膚色，有鬍子或沒有鬍子等特徵，以防假冒。

　　再由「縣考錄冊，送知府，府以其錄取者冊送學政」。學政便在大堂召集新生行簪花禮，發給花紅。再把新生名單分發到府、縣各學宮。入府學的叫府學生員，入縣學的叫縣學生員。番禺學宮的生員屬縣學生員。

　　在中國古代，讀書人只有順利透過縣試、府試、院試三道考試，成為秀才，取得生員資格之後才能進讀學宮。入學之初都要到學宮完成一個儀式，其中重要的一步就是要游泮池，因此入學也叫「入泮」或「遊泮」，又規定凡考取秀才滿六十年的必重遊泮池。清末的探花商衍鎏曾經在自己的回憶錄中寫到當年參與的入泮儀式。

　　西元一八九〇年，十七歲的商衍鎏順利透過了最後一道考試，也就是院試，以第十名的好成績進入學宮就讀。各縣接到學政下發的新生名單，俗稱「紅案」。之後，立即通知新生在某日到官署大堂彙集，之後到各學宮入泮。

入泮這天，商衍鎏和其他新進的生員穿的都是藍袍、緞靴，戴紅纓帽金頂，簪花披紅，乘轎來到學政衙門。在大堂謁見學政之後，一群新進生員，就分別到各府各縣的學宮去。

　　來到學宮，商衍鎏等人在門外下轎，過櫺星門。然後在學政官員的帶領下環繞泮池一圈，這就是「遊泮」。之後就到大成殿祭孔，在寫著「大成至聖先師孔子」的孔夫子神龕牌位前行三跪九叩禮。祭畢後又到明倫堂序立，向等候在此的老師行一跪四叩禮。

　　禮畢，各人乘轎回家。到家後，商衍鎏行謁祖禮，並拜見自己的尊長，尊長給紅封利市一包。之後他又出家門，去拜見從前授業的老師。至親、父執輩都登門一一叩頭。當天家裡還設宴數席來款待親友，到晚才客散。商衍鎏回憶，這一天下來，因為叩頭太多，導致兩腿痠痛，疲憊不堪。

　　學宮最重要的功能其實是祭祀孔子，因此學宮也叫孔廟和文廟，是供奉孔子、孔子先世五代、孔子弟子、歷代名儒的地方，每年二月和八月的上丁卯日是祭孔的日子。

　　祭祀前兩天，參祭官穿著官服到孔廟上香並監視牲畜宰殺情況。祭祀當日，承祭祀官在贊引官引導下舉行三跪九叩禮。

　　先拜祭先師孔子，擺在先師祭桌的祭品有帛一包，牛、羊、豬個一頭，鉶一，簠二，簋二，籩十，豆十，鐏一，白磁爵三，爐一，鐙一。然後從東階進入大成殿左門，到至聖先師孔子位前，「至案而立」，舉行一跪一叩頭禮。

遍地儒學 廣東學宮

祭祀完孔子後，接著便是祭四配。四配位前陳設帛四，豕一，牛一，鉶一，簠二，簋二，籩十，豆十，鐏一，白磁爵三，爐一，鐙一。四配拜祭的順序是：先祭復聖顏子、再祭宗聖曾子、述聖子思子、聖亞孟子。

祭拜禮儀都一樣，在贊引官引導下，承祭官行一跪一叩頭禮，再行奠帛、獻爵禮。祭畢四配，是祭十二哲和兩廡牌位。崇聖殿是祭祀孔子先世五代的地方，在每年仲月的上丁日致祭。

番禺學宮的生員有文武之分，西路建築的射圃是武生員習武之所。武生員照例屬教官管理，除騎射外，教以儒家經典及《孝經》等，俾知大義。提調仍將學射圃修葺，置備弓矢，教官率武生較射。

文生員課程有《御纂經解》、《性理》、《詩經》、《古文詩》、及「十二經」、「二十四史」、「三通」等。生員有月考和季考，主要考四書和策論。月考或季考後第二天，生員聚明倫堂聽老師講誦政府頒布的《臥碑》及訓飭士子文，謂之月課。

《臥碑》是士子必須遵照的規則。清順治時期，禮部奉旨規定八條規則，刻立於學宮，謂之《臥碑》，令士子文。

月課對生員來講很重要，生員除生病、外遊、守孝等特殊原因外，不上課三次的給予警告，終年無故不上課的即開除秀才資格。

對生員而言，最重要的是歲考和科考。歲考和科考都由皇上欽派的學政主持。《番禺縣誌》記載：

歲科取其最優者。食饩於官，曰廩膳生員，番禺縣學額二十名，次優等別於附學曰增廣生員，如廩膳生員之數。

列三等的無升無降，四等的責打，五等的降一級，六等的除名。科考是選送生員參加鄉試進行的資格考試。成績大致分三等，列一、二等及三等前茅者便可以參加鄉試。

武生員只有歲考沒有科考，生員除透過科考上升參加鄉試中舉人，再參加會試中貢士、殿試中進士外，還可以憑自己優秀的成績被選送到國子監讀書。

實行科舉的年代，在學宮就讀的生員，主要的出路就是參加科舉考試之後走上仕途。一種是參加鄉試中舉人、進士。另一種是透過貢舉成貢生入讀國子監，肄業再酌情授官。

明清兩代番禺學宮生員中舉人的有一千四百多人，被授予縣官、學宮教官等職，含進士入仕者的有九百多人，出仕率百分之六十左右。透過揀選、大挑、截取等途徑入仕的有六百多人，入仕率百分之四十左右。

清代，廣東先後出現過三位狀元，分別是清乾隆時的莊有恭、清嘉慶時的林召堂、清同治時的梁耀樞，而莊有恭的政治建樹最大。莊有恭曾歷任光祿寺卿、內閣學士、兵部右侍郎、戶部侍郎、江蘇巡撫等清廷重要職務，多次受到乾隆皇帝嘉獎。

閱讀連結

廣東高州城西南鑒江河畔，有一個古代的渡口，叫做南橋

頭，對岸有一座古塔，直刺青天，四周樹影婆娑，江水明淨如

鏡，風光十分綺麗。

清代的一天，當時還沒有中狀元的吳川縣才子林召堂經過這裡，要船伕撐他過河。那個船伕一看見他是林召堂，便對他說：「早聞得公子一肚文才，我有一個上聯，公子若對通了，我就撐你過去。」林召堂說：「這還不容易，請把上聯道來！」老船伕出句道：「南橋頭二渡如梭，橫織江中錦繡。」林召堂對曰：「西岸尾一塔似筆，直寫天上文章。」由於對得很巧妙，船伕於是撐他過河了。

▎尊儒重教的五華長樂學宮

西漢初年，南越國的趙佗歸漢後，擔任西漢王朝的廣東龍川縣令。西元前一九五年，趙佗有一次率狩獵隊伍行到五華山下，恰巧漢高祖劉邦派陸賈奉旨封趙佗為南越王。趙佗為了朝拜漢室及授封南越王，遂築臺於五華山下，名為長樂臺。

廣東是客家人聚居的地方，長樂臺因為客家人口繁衍逐漸增多，在北宋於西元一○七一年間置縣時，因縣治所在而取名為長樂縣。到了明代成化年間的西元一四六九年，長樂知縣黃瑜在五華縣華城十字街始建長樂學宮。

長樂學宮自明代建成以後，多次重修，清同治時重建後長樂學宮，其建築物按古代傳統風格，排列在中軸線上，左右對稱，規模宏大。

長樂學宮為古代傳統風格的宮殿式建築，坐北向南，左右兩廂對稱，規模宏偉。設有照牆、櫺星門、泮池、戟門、大成殿、明倫堂、崇聖殿、東廡、西廡等。是當地規模最大的學宮。

　　大成殿是長樂學宮的主體建築，這裡是祭祀中國偉大思想家、教育家孔子的地方，面闊五間，二十四點四米，進深六間，二十米，殿高十米。

　　大成殿前設月臺，殿內由二十四條八角梅花石柱擎撐梁架，柱礎為八瓣形須彌座式，斗栱雕花，重疊出跳，重檐歇山瓦頂，殿頂有輝煌耀眼的黃色和孔雀藍琉璃瓦，殿脊有雙龍戲珠圖案，是結構緊湊、布局合理、工藝精巧的完美建築。

　　大成殿的正堂有案龕，龕上設孔子神位，上寫「至聖先師孔子尊神位」，所以舊時長樂學宮又稱孔廟。古時每年農曆二十七為祭孔日，縣城的縣官必親自帶領在職官員以及文人學士，集中於學宮大成殿拜祭「至聖」先師，以示重知識、遵禮義之範舉。

　　在當時，拜祭「至聖」孔子，要行「三跪九叩三獻」禮，有笙笛伴奏，要讀祭文，主要是歌頌偉大思想家、教育家孔子的偉德，激勵後人好學奮進。體現了客家人崇儒重教的道德風範。

　　除此之外，「至聖」孔子神位亦「請」出安設於各學校廳堂。每逢開學時節，學子必攜香燭，先行叩拜孔聖，然後才去註冊繳費上課，由此也可知讀書人對孔子的崇拜與敬仰程度。

官學盛況：國子監與學宮的教育

遍地儒學 廣東學宮

大成殿後本有寬敞的明倫堂和崇聖殿，唯此兩堂殿已毀，不復存在。長樂學宮結構嚴謹，氣宇軒昂，幾歷滄桑，仍不減當年秀色。

後來，長樂學宮改為主要以儒學文化、五華歷史和科舉時期五華取得功名的人物等介紹，展示客家人的崇儒重教精神。在西廡的展廳裡，有客家武狀元李威光的塑像和他勤學故事，李威光文武雙全，是客家人的驕傲。

李威光是廣東五華縣即今長樂縣華城鎮黃埔村人，他的父親李資始對他從小管教非常嚴格，儘量讓他學書習武，其母是一個才思敏捷性格開朗的農村婦女。李威光自小受家教薰陶養成自愛、自奮、自強的品格。

五華城鄉盛行武術。李威光在崇文尚武的客家精神影響下，在年少時便投館拜師學習武藝。由於他天資聰穎勤學苦練一招一式一拳一腳扎扎實實，不幾年時間，刀、槍、棍、棒、騎射皆能武藝出眾。

西元一七五〇年，十六歲的李威光適逢開科縣試，便前赴考場，結果名列前茅，入選武生。這更堅定了李威光矢志武道的決心。

李威光的父母也很支持，為他聘請了武藝高強的師傅在家裡授藝。他不怕辛苦，勤學苦練，十年寒暑之後，武藝精湛，在周圍鄉村中頗有名氣。

西元一七六〇年，李威光赴省參加庚辰科鄉試，金榜題名，高中武舉。此後，他習武不輟，志攀高峰，他常穿著自

製四五十斤的石鞋以練腿力，朝夕抱舉三四百斤練武石以練臂力。

勤奮不負有心人，李威光的武藝達到了爐火純青的境界。西元一七七二年，李威光束裝上京，參加壬辰科會試。他信心滿滿，堅信自己一定會一舉成名。

據說李威光起程那天，剛走出家門檻，不慎踩死一隻小毛雞，起初李威光並不以為意，繼續前行。但是沒想過木橋時又踩斷了橋板，走到山坡狹路處青衫被荊棘撕破。

李威光越想就越覺得不對勁，剛出門就碰上三件不吉利的兆頭，很晦氣，於是便掉頭返回家中向母親道出不願赴考的原委。

李威光的母親是一個善解人憂而又才思敏捷的人，為了消除兒子的疑慮，她出口成章道：

腳踏金雞殿上行，踏斷木橋換石橋。自古英雄走險道，鉤爛青衣換錦袍。

李威光的母親解開了他的思想疙瘩，鼓勵他繼續登程赴考。京城會試，可謂群雄薈萃，相互角逐，競爭激烈，但李威光以超群的武藝脫穎而出，榮獲第一。

這一天，乾隆皇帝親躬殿試，但李威光卻不知險情將至。原來，有人事先把比武石和李威光的刀塗上蜂蠟，讓他當場出醜。殿試時，李威光舉起武石，開始時瀟灑自如，不料突然石滑脫手。李威光急中生智，用盡力氣將武石猛踢一腳，武石翻滾落地，人也安然無恙。

接著李威光開始舞刀，但見銀光閃閃，令人眼花繚亂。突然，李威光握刀的左手滑脫，他用緊握刀柄的右手順勢原地旋轉，橫刀下按，化解了險式。

乾隆皇帝看罷不解，便問這是何武藝。李威光急中生智奏曰：

武石滾動乃「獅子滾球」之義，關刀釋手屬「捺地割蔥」，這些技藝是寒門傳家之寶。

李威光的這番話語驚四座，頓時博得龍顏大悅，當即欽點他為該科狀元，同時御賜「狀元及第」金匾一塊，成為當時客家人唯一的武狀元，為客家人增了光。

在客家人崇文重教之風的影響下，五華地區人才輩出。長樂學宮展出的資料顯示，包括李威光在內，從宋代至清代，五華縣先後有文武進士二十四名，文武舉人兩百〇三名，貢生六百〇九名，七品以上官員兩百二十七名。

這種重學之風一直延續著，長樂學宮旁的華城鎮城鎮村，是聞名的「秀才村」。客家人崇儒重教、崇尚習武，代代相傳，已成習俗。

閱讀連結

曾瓊琲是長樂學宮聲名顯赫的一位吳舉人，在民間，曾榜眼還有當考官拒賄選賢的美談。

據說有一回曾瓊琲身任選拔武生的考官。開考前夕，開封府巨賈馬百萬的老管家到曾瓊琲的住所送錢說情，把一大包銀子遞來，並說事成後還有重謝。曾瓊琲嚴斥道：「考官

之責，應是量才選拔，我曾某不昧心做事，賣官鬻爵，中飽私囊，此銀子拿回去吧，并轉告你主人，令公子能不能中，就看他的本事，若令公子本事大，不必花上分文。」第二天，曾瓊琲秉公選拔，見馬公幹確實武藝不凡，於是還是讓其名列金榜，是為官之人學習的榜樣。

具有嶺南風格的羅定學宮

那是在中國的清代初期的西元一六四七年，順治皇帝下令在羅定直隸州建造一所學宮，這就是羅定學宮。此學宮後來經過從康熙至光緒年間的多次擴建，佔地八千三百多平方米，形成規模。

在中國古時候，州縣設立的學宮和文廟，一般按照「左廟右學」的形式來布局，以左為尊，文廟的建築按中軸對稱的形式來排列。這種布局也體現在羅定學宮的建築中。

羅定學宮前為照壁，次為櫺星門，再次泮池，再次大成殿，組成院落，最後是崇聖祠，其他建築則相應排列於軸線兩邊，儼然一座完整的宮殿，所謂學宮的含義即如此。

羅定學宮具有鮮明的嶺南建築風格，如大成門左側的名宦祠和明倫堂、右側的鄉賢祠都是嶺南硬山頂廳堂式建築。學宮的磚木結構結合巧妙，簡潔明了，善用當地材料，其中凹心磚的砌築很獨特。

凹心磚為南江流域首創，自明代中後期開始流行。磚體分陰陽面，磚身輕，用這種磚砌出的牆體穩固性好、能隔音隔熱。大成殿前露臺正對御路的石階前有一塊雕龍丹墀，上

有雕刻十分精緻的「雲龍」圖案，所用石料是當地的紅砂岩石。

羅定學宮體現了的粵西建築風格，樸素、輕巧、實用。整體布局嚴謹，遵守傳統形制，細部裝修和裝飾又有創新，鋪地、磚柱、斗栱等做法都很有特色。

櫺星門是羅定學宮的大門，為花崗岩四柱的石牌坊，高臺階，四柱高大，石鼓夾抱，石柱頂雕瑞獸。羅定學宮櫺星門在嶺南地區是最高的，達七點六四米，成為學宮的突出標誌。

在羅定學宮十公里之外的石牛山上有一座文峰塔，將櫺星門修得如此之高，是為了吸取文峰塔的靈氣。如果遇到天晴日朗時，從大成殿前的露臺朝南遠遠望去，透過櫺星門上沿可隱約看到文峰古塔。

羅定學宮的大成門也叫戟門，它與名宦祠、鄉賢祠、明倫堂和忠節孝祠連在一起，這也是嶺南眾多學宮所共有的現象。名宦祠和鄉賢祠的設立，是地方學宮與曲阜孔廟的不同之處。

大成門東側是名宦祠，用以安放曾在羅定為官、政績卓著、受民敬重的官宦牌位。西側是鄉賢祠，用以安放羅定州中取得功名、受民敬重的鄉賢牌位。

大成殿是學宮中最主要的建築，也是祭祀孔子大成至聖先師的地方。「大成」一詞出於孟子所說：「孔子之謂集大成」一語。

自北宋徽宗「詔文宜殿曰大成」，確定文廟大成殿的正式名稱後，普天之下各地的文廟主殿，通稱為「大成殿」，其建築等級是文廟中和地方上所有建築中最高等級的，享有官家的禮儀待遇，一般都是重檐歇山頂、黃色琉璃瓦、紅柱紅牆、雕龍畫鳳。

　　羅定學宮的大成殿與嶺南地區大部分學宮一樣，雖是重檐歇山頂式，但並非密閉封頂，而是通透的，這主要考慮南方的天氣原因。北方冬季較長，空氣乾燥，因而北方大殿頂重檐密閉，有利保溫保濕，冬暖夏涼。南方多雨水，氣候較濕潤，高溫天氣多，如果殿堂是密閉式的，殿內勢必既熱且濕。

　　羅定學宮大成殿的殿頂，從殿內望去如兩把重疊在一起的雨傘，兩層屋簷間隔有一米多高，四周通透，站在殿內可看到大殿周圍的景緻，風從四面吹進殿內，但雨水卻飄不進來。

　　這種巧妙的設計，有利於通風透光，透氣除濕。尤其是酷暑天氣，殿內清風徐來，倍覺涼爽，這也是嶺南地區學宮建築因地制宜設計建造的範例。

　　這種通透的設計，從外觀上看，莊重而不失靈巧。如果從高處俯視，大成殿呈正方形，四四方方，好似一枚傳國玉璽，設計者寓意為「學而優則仕」。同時，大殿重檐頂的正脊灰塑兩條金龍相對，戲耍葫蘆，因葫蘆與福祿諧音，故此景叫「雙龍捧福祿」。這種脊塑，也是嶺南地區所特有的。

官學盛況：國子監與學宮的教育

遍地儒學 廣東學宮

　　在大成殿內，最讓人矚目的當屬孔聖人像，這座孔聖人像高二點五六米，歷時兩年雕成。當時在大成殿修葺後，羅定縣令就派人四處苦尋適合雕刻學宮孔子像的木料，但是一直都沒有找到合適的。

　　忽然一天，有人在新興縣的河床發現了一棵千年古樟木。此木有三奇：一是奇蹟，據一些有經驗的老人講，這棵樹至少已經活了兩千五百多年了，與孔子同時代，埋藏地下千年卻沒有一絲腐爛；二是奇香，這可古樹歷經漫長歲月仍能散發出縷縷清香；三是奇緣，幾經尋覓，偶得於佛教聖地禪宗六祖的故鄉新興縣。

　　該古樟木直徑達兩米，被人工截成三段後運到羅定學宮，其中一段長二點五七米，非常適宜作孔子雕像的木料。

　　孔子像雕成後，正立於大成殿中央。只見聖像渾然一體，潤澤光亮，神態自然，服飾紋路清晰優美。點睛之後，更覺孔子目光如炬，充滿睿智，凡到學宮的人都讚歎不已。

　　樟木又名香樟，被當地人稱為「神木」，木質呈黃褐色，紋理順直，可防蟲蛀，具有樟腦般的氣味。據說因為樟樹木材上有許多紋路，像是大有文章的意思，所以古人就在「章」字旁加一個木字為樹命名。孔子被尊為「文聖」，樟木自然也成為雕刻孔子像的理想材料，以至於羅定學宮為此已尋覓數年之久。

　　大成殿外檐雕花的檐口板上正中，雕有一副書卷形額聯，正中書「天開文運」，右邊為「植綱常名教」，左邊為「造梂樸菁莪」。

聯中的「綱常」是指三綱五常，「棫樸」是古籍《詩經·大雅》中的篇名，多以喻賢才眾多，「菁莪」出自《詩經·小雅》，指育才。這幅帖聯的意思是說：孔子創立的儒學，制訂了社會道德規範，培育眾多的賢才。大成殿檐口的額帖，各地文廟均不相同，羅定學宮的額帖尤為構思獨特。

除此之外，在學宮裡還有一棵古鳳凰樹，周圍的花開得特別多，花朵特別紅，花期早且長，特別漂亮。

羅定學宮是目前廣東兩江流域僅存的形制最完整、規模最大、保存古建築物最多的學宮。

閱讀連結

相傳羅定學工在為孔子雕像的時候，發現樟木各部分尺寸竟與孔子像的基本造型十分吻合，在雕刻手的造型時，由手部至腹部部分的木料自然剝落，竟然與實際需要絲毫不差，更神奇的是，木料剝落後，在衣袖與身體軀幹之間兩邊各形成一條很深很細的隙，並且順著軀幹的弧度延伸至背部深處。雕刻家說，這兩道弧形細縫，用工具是不可能完成的。在完成背部頭巾時，由頭巾到兩肩之間的兩塊木料也是自然剝落。

後來，人們講起這段經歷的時候還在驚嘆：這樟木真是專為孔子而生的！

國家圖書館出版品預行編目（CIP）資料

官學盛況：國子監與學宮的教育 / 董勝 編著 . -- 第一版 .
-- 臺北市：崧燁文化，2020.04
　　面；　公分
POD 版

ISBN 978-986-516-103-3(平裝)

1. 高等教育 2. 教育史 3. 中國

525.92　　　　　　　　　　　108018483

書　　　名：官學盛況：國子監與學宮的教育

作　　　者：董勝 編著

發 行 人：黃振庭

出 版 者：崧燁文化事業有限公司

發 行 者：崧燁文化事業有限公司

E - m a i l：sonbookservice@gmail.com

粉 絲 頁：　　　　　　網 址：

地　　　址：台北市中正區重慶南路一段六十一號八樓 815 室

8F.-815, No.61, Sec. 1, Chongqing S. Rd., Zhongzheng

Dist., Taipei City 100, Taiwan (R.O.C.)

電　　　話：(02)2370-3310 傳　真：(02) 2388-1990

總 經 銷：紅螞蟻圖書有限公司

地　　　址: 台北市內湖區舊宗路二段 121 巷 19 號

電　　　話:02-2795-3656 傳真:02-2795-4100　　網址：

印　　　刷：京峯彩色印刷有限公司（京峰數位）

定　　　價：250 元

發行日期：2020 年 04 月第一版

◎ 本書以 POD 印製發行